FERNANDE

PAR

Alexandre Dumas.

3

PARIS
DUMONT, ÉDITEUR,
PALAIS-ROYAL, 88, AU SALON LITTÉRAIRE.

1844

FERNANDE.

SCEAUX. — IMPRIMERIE DE E. DÉPÉE.

FERNANDE

PAR

Alexandre Dumas.

3

PARIS
DUMONT, ÉDITEUR,
PALAIS-ROYAL, 88, AU SALON LITTÉRAIRE.

1844

XVIII

Ce silence était calculé de la part de Fernande ; elle voulait laisser à l'étrange histoire qu'elle venait de raconter le temps de produire son effet ; puis, lorsqu'elle vit la jeune femme bien pénétrée du côté douloureux de ce récit :

— Maintenant, dit-elle, vous savez où une faute peut conduire une jeune fille.

Voulez-vous que je vous dise où cette même faute, qui alors change de nom et s'appelle un crime, peut conduire une femme mariée?

— Dites, reprit Clotilde en la regardant; dites, je vous écoute.

— Vous avez connu, au moins de nom, madame la baronne de Villefore, n'est-ce pas?

— Oui, je me la rappelle; c'était, autant que je puis m'en souvenir, une jeune et jolie femme.

— Charmante.

— Elle a cessé tout-à-coup de paraître dans le monde; qu'est-elle donc devenue?

— Je vais vous le dire, répondit Fernande. Madame de Villefore avait votre âge ou à peu près. Comme vous, il y avait deux ou trois ans qu'elle était mariée; son

mari, sans avoir les qualités éminentes de
M. de Barthèle, passait généralement pour
un homme distingué. Il avait trente ans,
un beau nom, une grande fortune, c'est-à-
dire tout ce qu'il faut pour être heureux.

Un jour, en voyant je ne sais quel drame,
en lisant je ne sais quel roman, madame
de Villefore s'imagina que son mari ne
l'aimait point comme elle méritait d'être
aimée; c'est toujours là le point de départ
de toutes nos fautes, à nous autres pauvres
femmes. L'orgueil nous souffle cette fatale
croyance, que dans un corps plus faible
nous avons une âme plus puissante. Puis,
à peine nous sommes-nous laissées aller à
cette idée, que nous cherchons autour de
nous cette âme sœur de notre âme, qui
seule peut nous donner le bonheur par
l'harmonie de l'amour. Or, comme elle

n'existe pas, ou que, si elle existe, des conditions antérieures rendent presque toujours de pareilles unions à peu près impossibles, il en résulte une de ces méprises où la vie et l'honneur sont également en jeu.

Un jeune homme de la société intime de madame de Villefore s'aperçut des dispositions nouvelles de son esprit, et résolut d'en profiter. Il était beau, élégant, à la mode; il avait toutes les qualités extérieures qui font l'homme du monde; de plus, avec un cœur de pierre, le don des larmes porté au plus haut degré. A sa volonté, ses yeux devenaient humides, sa voix se gonflait d'émotion. C'était à lui croire l'âme la plus impressionnable qui fut sortie des mains de Dieu.

Madame de Villefore avait une réputation de vertu qui jusque-là avait interdit à qui que ce fût la moindre espérance ; mais jusque-là aussi madame de Villefore s'était crue heureuse et n'avait pas toujours souffert. Remarquez que je ne sépare point ici les douleurs réelles des douleurs factices, celles qu'on se fait à soi-même de celles que la Providence vous envoie. Toute douleur, qu'elle vienne du cœur ou de l'imagination, est une douleur, et celles que l'on croit avoir sont souvent bien autrement poignantes que celles que l'on a.

J'ignore les détails du combat ; j'en sais l'issue, voilà tout. Après une résistance de trois mois, madame de Villefore succomba, se croyant subjuguée par une grande passion, et convaincue que toute femme à sa place eût succombé comme elle. Eut-elle quelques instants d'illusion, je n'en sais rien ; eut-elle quelques heures de bonheur, je l'ignore ; mais la vérité est qu'elle s'aperçut bientôt que celui qu'elle avait cru un modèle accompli de toutes les perfections de la terre, était un homme comme tous les hommes, un peu plus faux et un peu plus dissimulé seulement.

Elle se réfugia alors en elle-même, et se dit qu'elle allait vivre des illusions de son ancien amour ; mais avec les illusions l'amour était parti, la faute et le remords seuls restaient. Bientôt elle arriva à la comparaison froide, au parallèle raisonné. Du moment où l'amant avait eu les droits du mari, il en avait pris la place et les habitudes ; seulement ses exigences étaient plus grandes, sa jalousie plus inquiète. Madame de Villefore, toujours libre et respectée par son mari, était l'esclave de son amant; sans cesse entourée de ses doutes, elle lui devait compte de chacune de ses actions : cette liaison devint un supplice.

Soit lassitude, soit repentir, madame de Villefore voulut rompre; mais l'orgueil survivait à l'amour chez l'homme qui l'avait perdue. La chute de madame de Villefore et son triomphe à lui étaient un doute pour beaucoup de gens. Cela ne pouvait demeurer ainsi. Il fallait qu'elle fut compromise aux yeux de la société pour qu'elle pût reprendre sa liberté. Madame de Villefore avait eu l'imprudence d'écrire; l'amant avait soigneusement gardé toutes ces lettres, soit par amour, soit par calcul; de ces lettres il se fit une arme, et madame de Villefore se trouva condamnée à continuer des relations qu'elle avait regardées d'abord comme devant faire le bonheur de sa vie, et qui faisaient son désespoir.

Elle essaya de tout, larmes et prières; tout fut inutile. Elle se jeta à ses genoux, et il la releva avec un sourire. Ces lettres qui renfermaient la preuve de son déshonneur, ces lettres restèrent entre ses mains, non plus comme un gage d'amour, mais comme un moyen d'épouvante.

Madame de Villefore se sentit perdue si elle ne rentrait pas en possession de ses lettres; après avoir souffert en humiliations tout ce qu'une femme peut souffrir, elle prit une résolution désespérée. Elle jeta les yeux autour d'elle; parmi ceux qui lui faisaient la cour était un homme dont le courage et la loyauté étaient à l'épreuve; cet homme s'appelait le marquis de Pommereuse. Cette fois, ce ne fut pas l'entraînement de l'amour, ce ne fut pas le délire de la passion qui la fit coupable : ce fut la conséquence de ce qu'elle avait été. Pour échapper à l'un, elle se donna froidement à l'autre.

Puis, lorsque cet homme eut acquis le droit de la défendre et de la venger, elle lui avoua, comme elle eût fait à un prêtre, son erreur, sa croyance insensée, sa faute et sa punition. Il lui demanda alors pourquoi, du moment où elle avait mesuré sa chute, elle ne s'était pas relevée. Elle lui raconta l'histoire des lettres, et comment, avec ces lettres, elle était restée esclave et tremblante sous la menace de son premier amant.

Le marquis de Pommereuse ne voulut ignorer aucun détail ; puis, lorsque madame de Villefore fut sortie, il ordonna d'atteler, et se rendit à l'instant même chez son rival.

Celui-ci était seul. Le marquis de Pommereuse entra.

— Monsieur, lui dit-il, hier vous étiez l'amant de madame de Villefore ; aujourd'hui c'est moi qui le suis.

Celui auquel il s'adressait répondit par un geste de surprise. Le marquis fit un signe de la main et continua.

— Vous avez des lettres à elle ?

— Moi ?

— Oui.

— Qui vous a dit cela ?

— Elle-même.

— Que vous importe ?

— Il m'importe beaucoup, et la preuve c'est que vous allez me les rendre.

— Vous plaisantez, monsieur.

— Non, pas le moins du monde. Nous sommes tous les deux gentilshommes ou à peu-près. Eh bien! monsieur, il y a des questions qui, entre gentilshommes, se débattent en un instant. Je sais que vous ne me rendrez pas les lettres sans combat, je vous estime même assez pour croire que le combat est une chose nécessaire; mais après le combat, quelle qu'en soit l'issue, vous me rendrez ces lettres, ou, si je suis tué, vous les rendrez à Madame de Villefore; c'est tout ce que je veux. Vous comprenez qu'une conduite contraire vous déshonorerait. Quand le sang a coulé, les choses changent de face, et vous le comprenez, monsieur, le sang coulera entre nous.

— C'est bien, monsieur, dit Fabien, je suis à vos ordres.

— Vous comprenez que nos témoins doivent complètement ignorer la cause de notre duel.

— Sans doute.

— Les lettres, enfermées, sous une enveloppe à mon adresse, seront remises à un tiers. Si vous êtes tué, c'est bien, je les remettrai moi-même à Madame de Villefore ; si je suis tué, le tiers les lui remettra sans savoir lui-même ce qu'il remet.

— A merveille. Maintenant votre lieu et vos armes.

— Cela ne me regarde pas, monsieur, c'est l'affaire de nos témoins.

Alors ils échangèrent les noms de ceux de leurs amis qu'ils comptaient charger de ce ministère.

Il fut convenu que ces messieurs se rencontreraient à cinq heures de l'après-midi près du grand bassin des Tuileries, et que tout serait réglé de façon à ce que sur le terrain on n'eût plus qu'à mettre l'épée ou le pistolet à la main. Puis les deux adversaires se séparèrent. Le soir, les témoins réglèrent toutes les conditions. On se trouverait à la Mare d'Auteuil, à neuf heures du matin ; l'arme convenue était l'épée.

A sept heures du matin, le valet de chambre du premier amant de Madame de Villefore entra chez son maître.

— Qu'y a-t-il demanda celui-ci ; est-ce qu'il est déjà l'heure ?

— Non ; mais c'est le baron de Villefore qui veut parler à monsieur.

— Le baron de Villefore ! Que désire-t-il ?

— Je n'en sais rien ; c'est à monsieur

lui-même qu'il veut expliquer le motif de sa visite.

— Où est-il ?

— Au salon.

— Présentez-lui mes excuses ; dans un instant je le rejoins.

Le domestique sortit. Un instant après, les deux hommes étaient en présence,

Monsieur, dit le baron de Villefore après avoir répondu courtoisement au salut qui lui était adressé et avoir refusé le siége qu'on lui offrait, vous avez des lettres de la baronne ?

— Moi, monsieur ? s'écria avec étonnement celui à qui on adressait cette singulière question.

— Ne riez pas, monsieur; vous avez même menacé, à ce qu'il paraît, la pauvre femme d'en faire un méchant usage.

Mais comment pouvez-vous savoir que ces lettres...

— Oh! mon Dieu! de la manière la plus simple. Vous avez écrit hier ce billet à la baronne; mon valet de chambre, qui s'est trompé, me l'a apporté à moi au lieu de le porter à ma femme. Je l'ai ouvert sans faire attention, et je l'ai lu sans le vouloir.

— Eh bien! monsieur? demanda l'amant, voyant qu'il était inutile de nier.

— Eh bien! monsieur, vous deviez ce matin remettre ces lettres à M. de Pommereuse; vous comprenez qu'il est plus convenable que vous me les remettiez à moi.

— Mais, monsieur...

— Attendez donc : aux mêmes conditions, bien entendu.

— Aux mêmes conditions ? je ne comprends pas.

— Oui ; vous alliez vous battre avec M. de Pommereuse ; au lieu de cela, vous allez vous battre avec moi.

— Mais, monsieur...

— Ah ! vous me devez bien quelque concession, monsieur, et j'ai des droits acquis pour être votre premier adversaire.

— Si vous le désirez absolument...

— Je le désire.

— Je suis à vos ordres, monsieur, que voulez-vous ?

— Montons chacun dans notre voiture, prenons chacun notre valet de chambre ; j'ai mes pistolets, vous avez probablement les vôtres ; dans une heure, derrière le Ranelagh.

— Mais mes témoins, qui vont venir me

chercher, et qui ne me trouveront pas?

— Ah! vous aurez une si bonne excuse à leur donner que les gentilshommes les plus exigeants sur le point d'honneur s'en contenteraient.

— Il faut faire ce que vous voulez, Monsieur.

Les deux hommes se saluèrent.

A son lever, Madame de Villefore reçut un paquet cacheté des mains du valet de chambre de son mari. Elle l'ouvrit et trouva ses lettres. Seulement l'enveloppe était tachée de sang, et une déchirure singulière les traversait toutes, depuis la première jusqu'à la dernière.

— Qui vous a remis ce paquet? dit-elle? n'est-ce point M. de Pommereuse?

— Non, Madame, répondit le valet de chambre.

—Et si ce n'est lui, qui donc alors ?

— M. le baron.

— Quand cela ?

— Au moment de mourir.

— Au moment de mourir !... Que dites-vous ?

— Je dis que M. le baron s'est battu en duel ce matin et qu'il a été tué.

— Tué, mon Dieu !... et par qui ?

— Par M. Fabien de Rieulle.

Clotilde poussa un cri d'effroi, et Fernande, pour ne pas la distraire des impressions que venait de produire sur elle ce terrible récit, se leva et s'approcha de la porte pour sortir.

Mais sur le seuil elle rencontra Madame de Neuilly.

XIX

— Ah! dit madame de Neuilly, ce n'est pas malheureux, et je te retrouve enfin. Dieu merci, ce n'est pas faute de t'avoir cherchée et demandée à tout le monde, mais tout le monde ignorait ce qu'était devenue ma mystérieuse amie. On l'avait bien vue s'éloigner avec Clotilde, mais on ne savait pas dans quel coin vous étiez allées vous faire des confidences qu'on me refuse à moi, quoique la première en date, et quoique ayant par conséquent des droits antérieurs. Eh! mais, où donc est Clotilde?

— Me voici, Madame, dit Clotilde en se levant et en venant au secours de Fernande, qui avait fait ce qu'elle avait pu en se plaçant devant elle pour cacher à madame de Neuilly le visage pâle et altéré de la jeune femme ; avez-vous quelque chose de particulier à me dire?

— Mais ne peut-on chercher les gens sans avoir quelque chose de particulier à leur dire, surtout lorsque la personne qu'on cherche est une amie d'enfance; oui, amie d'enfance, quoiqu'en vérité Fernande ait quelquefois l'air de ne pas me reconnaître?

— Madame, dit Fernande, un des premiers devoirs que je me suis imposés, et auxquels j'ai promis de ne manquer jamais, c'est, en renonçant à mon nom paternel, d'observer toujours la distance qui me sépare des personnes que j'ai connues dans un temps plus heureux.

— Que parles-tu, ma chère, d'un temps plus heureux; et que te manque-t-il donc, je te prie, pour être heureuse? Tu as des chevaux, une voiture, un train qui annonce cinquante mille livres de rentes, un appartement magnifique, à ce qu'on assure, dans la rue Saint-Nicolas, un des plus beaux quartiers de Paris, peu aristocratique, c'est vrai; que veux-tu, ma chère, c'est le quartier des gens d'argent. J'habite le faubourg Saint-Germain; mais, moi, je suis ruinée, ce qui est une triste compensation.

Fernande ne répondit rien, mais elle sentit un frisson lui courir par tout le corps en voyant que madame de Neuilly était déjà parvenue à se procurer son adresse; elle se voyait obligée de la recevoir, et comprenait que dès la première visite elle ne pourrait plus rien lui cacher.

— Ma chère cousine, dit Clotilde, voyant combien les importunités de madame de Neuilly pesaient à Fernande, vous savez que nous devons nous réunir ce soir dans la chambre de Maurice pour y faire de la musique; madame de Barthèle et M. de Montgiroux doivent même déjà nous y attendre.

— Oh! mon Dieu non! et voilà ce qui

vous trompe, ils sont occupés à se disputer au salon.

— A se disputer? reprit Clotilde en riant et toujours pour éloigner la conversation de Fernande; et à propos de quoi se disputent-ils?

— Que sais-je, moi? M. de Montgiroux voulait sortir dans l'intention comme moi de vous chercher peut-être, car votre absence était remarquée; mais madame de Barthèle l'a retenu au moment où il s'esquivait, et a prétendu que l'air du soir était encore trop froid pour qu'il s'y exposât. Si disposé, vous le savez, que soit M. de Montgiroux à la rébellion, toutes ses belles résolutions de révolte s'évanouissent quand madame de Barthèle dit: je le veux, et M. de Montgiroux s'est assis et ronge son frein en souriant. Savez-vous que c'est une excellente école que la Chambre pour apprendre à s'y faire un visage, et que, si jamais je me remariais, j'hésiterais à prendre un député ou un pair de France ?

Cette peinture des angoisses auxquelles était en proie M. de Montgiroux rappela à Fernande que ce désir qu'avait le pair de France de faire une promenade était purement et simplement excité par l'espérance de la rencontrer. Comme elle n'avait aucun motif de ne pas accorder à M. de Montgiroux l'explication qu'il désirait, elle essaya, en longeant le corridor, de s'éloigner de ses deux compagnes et de se glisser au jardin ; mais ce n'était pas chose facile que de se débarrasser de madame de Neuilly.

— Eh bien ! chère petite, lui dit-elle,

que faites-vous donc? mais tout le monde a donc la rage de se promener aujourd'hui. Vous voulez vous promener, M. de Montgiroux veut se promener, M. Léon et M. Fabien se promènent, et voilà, je crois, Dieu me pardonne, que la manie de la locomotion me gagne aussi ; et si vous voulez, tandis que Clotilde va voir si Maurice est prêt à vous recevoir, eh bien ! voilà que je m'offre de tout cœur à vous accompagner.

— Madame, dit Fernande, je vous demande mille pardons de ne pas accepter votre offre, quelque obligeante qu'elle soit ; mais j'ai un ordre à donner à mes gens, et si vous le permettez, j'aurai l'honneur de vous rejoindre dans un instant au salon.

Et Fernande, après un léger mouvement

qui ressemblait à une révérence, s'éloigna d'un air qui indiquait que madame de Neuilly la désobligerait beaucoup en l'accompagnant.

La veuve la suivit des yeux jusqu'à ce que la porte se fût refermée derrière elle.

— Ses gens! murmura-t-elle, ses gens! c'est incroyable, une madame Ducoudray a des gens, tandis que moi, enfin!... et quand on pense que, si M. de Neuilly n'avait pas placé tout son bien en rentes viagères, moi aussi j'en aurais des gens; je voudrais bien savoir ce qu'elle a à leur dire, à ses gens !

— Oh! mon Dieu! dit Clotilde, j'ai bien peur que ce ne soit l'ordre de tenir sa voiture prête.

— Sa voiture prête? ne m'aviez-vous pas dit qu'elle couchait ici?

— Elle l'avait promis, dit Clotilde, mais sans doute les importunités dont elle a été l'objet depuis ce matin l'auront fait changer d'avis.

— Les importunités? et qui donc importune ici madame Ducoudray? j'espère bien que ce n'est pas pour moi que vous dites cela, ma chère Clotilde.

— Non, madame, dit Clotilde, quoiqu'à vous dire le vrai, je crois que vos questions l'ont quelque peu contrariée.

— Embarrassée, voulez-vous dire sans doute. Mais, ma chère amie, c'est tout simple. Je rencontre chez vous une ancienne amie de pension, je lui fais fête ; j'apprends qu'elle est mariée, qu'elle s'appelle madame Ducoudray ; je veux savoir ce que c'est que M. Ducoudray, ce qu'il fait, quelle est sa position sociale ; c'est de l'intérêt, ce me semble. Moi, quand j'ai quitté mon nom de Morcerf pour prendre celui de M. de Neuilly, j'ai dit à qui a voulu l'entendre ce que c'était que M. de Neuilly. N'est-ce pas, chère baronne?

Cette apostrophe s'adressait à madame de Barthèle, qui passait dans l'antichambre où venaient d'entrer en ce moment Clotilde et la veuve. Il fallut que madame de Barthèle s'arrêtât pour répondre à madame de Neuilly.

Quant à Fernande, comme nous l'avons dit, elle avait pris le parti de rompre en visière à sa trop officieuse amie, et était descendue au jardin. Mais, en approchant de l'allée qui menait à l'endroit où l'on avait servi le café, elle entendit des pas et des voix dans cette allée même : c'étaient Léon et Fabien qui se promenaient. Or, comme elle ne se souciait pas de rencontrer les deux jeunes gens, elle se jeta dans une allée couverte qui lui sembla devoir, par un détour, conduire au bosquet de lilas, de chèvrefeuilles et d'ébéniers, dont l'odeur flottait jusqu'à elle, portée par la brise de la nuit.

D'abord la marche de Fernande avait été rapide, car elle avait pris en pitié les souffrances de ce pauvre vieillard qui l'aimait de bonne foi, et qui, par conséquent, souffrait réellement. Elle s'était donc hâtée sous l'impulsion de ce sentiment généreux. Mais bientôt elle avait réfléchi qu'elle allait se trouver en face de l'homme à qui elle appartenait, et cette idée terrible qu'elle appartenait à un homme par le lien d'un marché honteux la fit tressaillir dans tout son être. Malgré elle, sa marché se ralentit, et le doute, éloigné un instant par l'exaltation, revint combattre sa résolution, plus opiniâtre et plus acharné que jamais. En effet, M. de Montgiroux ne devait plus ignorer que l'état alarmant de Maurice avait pour cause une passion que réprouvaient toutes les lois sociales. N'était-il pas en droit de lui adresser des reproches sur le trouble qu'elle avait porté dans cette maison? Croirait-il qu'elle ignorait le mariage de Maurice? Supporterait-elle les récriminations jalouses du comte avec patience? Profiterait-elle au contraire de cette circonstance favorable pour rompre avec le vieillard? Toutes ces questions se présentaient l'une après l'autre à son esprit, demandant une solution. Sans doute la courtisane pouvait relever la tête et se dire dans sa conscience : L'ai-je donc trahi, depuis le jour où j'ai consenti à être sa maîtresse? Peut-il me faire un crime du passé? Est-ce ma volonté qui m'a conduite ici? Savais-je que j'allais revoir Maurice, retrouver mourant celui que j'avais quitté plein d'existence? Savais-je que je pourrais le rendre à la vie par l'espoir? savais-je qu'il m'aimait toujours? savais-je que c'était cet amour qui le tuait?

Et à cette pensée un autre ordre d'idées s'emparait de Fernande; quelque chose comme un vertige la prenait et troublait tous ses sens. Elle pensait que, maintenant qu'elle avait vu Maurice près de Clotilde, que maintenant qu'elle avait acquis de ses yeux la conviction que le baron de Barthèle aimait sa femme de l'amour qu'un frère aurait pour sa sœur, rien n'empêcherait qu'elle ne fût heureuse de son premier bonheur. La petite chambre virginale était toujours là ; personne n'y était entré que Maurice ; Maurice, au premier mot qu'elle lui dirait, en repasserait le seuil à genoux. Il comprendrait le repentir de Fernande, car il saurait qu'elle avait autant souffert que lui. Puis, quand tous deux auraient tout pardonné, tout oublié, ils retrouveraient comme autrefois, dans un mystère profond, cette extase et cet égoïsme voluptueux qui mènent à l'indifférence, à l'oubli du monde entier.

Hélas ! notre récit n'est pas une histoire d'événements, mais un drame d'analyse. Nous avons commencé à mettre sous les yeux de nos lecteurs tous les sentiments qui passent dans le cœur des personnages que nous amenons sur la scène. C'est une autopsie morale que nous faisons, et comme dans le corps le plus sain on découvre toujours quelque lésion organique par laquelle au jour fixé la mort pénétrera, on trouve aussi dans le cœur le plus généreux certaines fibres secrètes et honteuses qui rappellent que l'homme est un composé de grandes idées et de petites actions.

Or cette fibre secrète et honteuse, endormie au fond du cœur de Fernande tant que les encouragements de Madame de Barthèle, les naïfs remerciements de Clotilde l'avaient soutenue, se réveillait au moment où, pour la première fois, elle se trouvait seule avec son amour pour Maurice, doublé encore par la certitude qu'elle avait d'être aimée d'un amour aussi puissant que le sien.

C'était donc en proie à cette fièvre de l'âme, à cette surexcitation morale, si l'on peut s'exprimer ainsi, qu'elle allait entrer dans le bosquet où devait l'attendre le comte, quand tout-à-coup elle s'arrêta, immobile et sans haleine comme une statue. Elle venait d'entendre de l'autre côté de la charmille les voix de M. de Montgiroux et de Madame de Barthèle.

La baronne n'avait pu si bien veiller sur M. de Montgiroux qu'il n'eût profité d'un moment où elle parlait au docteur pour s'esquiver. Il avait alors vivement gagné le bosquet où il croyait que l'attendait sa belle maîtresse; mais comme nous l'avons vu, Fernande, forcée de faire un détour par la rencontre de Léon et de Fabien, puis ralentie dans sa marche par les idées opposées qui venaient se heurter dans son esprit, avait mis le double du temps nécessaire à faire le chemin. M. de Montgi roux avait donc trouvé le bosquet solitaire, et, ne doutant point que Fernande ne vînt bientôt l'y rejoindre, il l'avait attendue tout en se promenant.

Bientôt en effet le frôlement d'une robe vint lui annoncer l'approche d'une femme.

— Venez donc, venez, Madame, s'écria le pair de France en se précipitant vers la personne qui arrivait ; venez, je suis ici depuis un siècle. J'espérais que vous comprendriez combien il m'importait de vous parler ; mais enfin vous voilà, madame ; c'est tout ce que je demandais, car vous allez me donner, je l'espère, la clé de tout ce qui se passe.

Mais au grand étonnement de M. de Montgiroux, une autre voix que celle de Fernande répondit :

— C'est d'abord vous, Monsieur, qui

me donnerez une explication sur le motif de cet étrange rendez-vous.

— Comment! c'est vous, Madame? s'écria le pair de France.

— Oui, Monsieur; moi, moi que vous étiez loin d'attendre, n'est-ce pas? moi qui ai surpris le secret d'un rendez-vous dont je cherche vainement à m'expliquer le motif. Quel rapport peut-il exister entre vous et Madame Ducoudray, ou plutôt entre vous et Fernande? Où l'avez-vous vue? d'où la connaissez-vous? Voyons, répondez, parlez, dites.

— Mais, Madame, balbutia le comte, pressé ainsi du premier coup dans ses derniers retranchements, est-ce bien sérieusement que vous me faites une scène de jalousie?

— Très sérieusement, Monsieur. Je suis

confiante, c'est vrai, trop confiante peut-être, car depuis six semaines je crois à toutes les histoires de bureaux, de réunions préparatoires et de commissions que vous me faites; mais la confiance a ses bornes, et ce que je vois depuis ce matin de mes propres yeux m'éclaire.

— Mais qu'avez-vous vu, au nom du ciel, Madame? s'écria le comte épouvanté.

— J'ai vu que Madame Ducoudray est jeune, jolie, élégante, et, dit-on, fort coquette. J'ai vu votre inquiétude quand on a parlé d'elle, votre étonnement quand elle a paru, les signes d'intelligence que vous lui avez faits.

— Moi?

— Oui, vous. Il est vrai qu'elle n'y a pas répondu, elle. Mais enfin vous lui avez donné un rendez-vous; vous ne le nierez pas, puisque vous y êtes, puisqu'en me voyant venir vous m'avez prise pour elle. Eh bien! j'y suis à ce rendez-vous, j'y suis à sa place. J'ai pris les devants; vous me devez donc une explication, et je suis en droit de l'exiger, moi qui, malgré toutes les infidélités que vous avez dû me faire, n'ai jamais un instant trahi la foi jurée.

Cette avalanche de reproches eut cela de bon pour le comte, qu'elle lui donna le temps de préparer sa réponse. Aussi, lorsque madame de Barthèle s'arrêta pour reprendre haleine, était-il à peu près remis de son émotion, et avait-il déjà avisé un moyen de sortir du mauvais pas où il s'était embourbé.

— Comment! Madame, dit-il avec l'apparence du plus grand sang-froid et haussant légèrement les épaules, vous n'avez pas deviné?

— Non, Monsieur, je n'ai pas deviné; j'ai l'esprit fort obtus, je l'avoue, et j'attends que vous m'expliquiez...

— Vous n'ignorez pas, dit M. de Montgiroux en baissant la voix, quelle est la femme que vous avez mise en rappor avec Maurice?

— Une femme charmante, Monsieur, d'une élégance parfaite, la fille du marquis de Mormant, l'amie de madame de Neuilly. Vous ne direz pas, je l'espère, Monsieur, que la jalousie me rend injuste pour ma rivale.

— Oui, continua le comte, enchanté au fond du cœur que la baronne rendît si entière justice à sa maîtresse; avec tout cela, c'est une personne fort connue, trop célèbre même, et que son bon ton, ses bonnes manières, sa bonne naissance ne sauraient absoudre.

— Eh! mon Dieu! Monsieur, ne rencontrez-vous pas tous les jours dans le monde des femmes qui mènent une vie bien autrement scandaleuse que celle de madame Ducoudray?

— Oui, dit M. de Montgiroux; mais ces femmes sont mariées ou sont veuves.

— Ah! la belle excuse que vous donnez-là! Eh bien! que Fernande rencontre un jeune lion ruiné ou un vieux beau amoureux qui fasse la folie de l'épouser, Fernande deviendra une femme comme une autre, et je dirai plus, une femme mieux qu'une autre; et alors tout le monde s'empressera autour d'elle; ses talents, que personne ne connaît, parce qu'elle vit dans un cercle excentrique, feront les délices des soirées les plus aristocratiques. Eh! Monsieur, n'ayez pas l'air de nier, il y a mille exemples de cela; et moi toute la première, moi qui, il me semble, ai mené une vie exemplaire, eh bien! moi, je la recevrais.

Le comte sourit à cette ingénuité de la baronne, mais il reprit :

— Eh bien! moi, je serai plus rigoriste que vous, ma chère baronne. Je suis de votre avis : Fernande est une personne adorable, une créature charmante, et je comprends qu'elle fasse un jour une de ces passions qui enlèvent un homme au-dessus des préjugés et qui font une position à une femme qui n'en avait pas; mais je dis qu'en attendant que Fernande ait cette position, c'est à moi de lui faire comprendre qu'elle ne doit pas rester plus longtemps ici, qu'il est inconvenant d'accepter l'hospitalité dans cette maison, et qu'elle ne peut point passer la nuit sous le même toit que Maurice et sa femme.

— Eh bien! cher comte, je suis charmée de vous dire, si vous n'étiez venu ici que pour cela, que votre rendez-vous est inutile, attendu que, me doutant de quelque chose de pareil, je viens de faire dire par madame de Neuilly aux gens de Fernande de retourner à Paris; et comme madame de Neuilly a dû leur donner cet ordre au nom de leur maîtresse, madame Ducoudray est ici pour jusqu'à demain soir.

— Vous n'avez pas fait une pareille chose, j'espère?

— Si fait, Monsieur, et j'en suis même enchantée.

— Vous serez donc toujours inconséquente?

— Inconséquente! parce que j'aime Maurice, parce que je ne veux pas que Maurice meure, parce que je veux conserver celle qui l'a sauvé comme par miracle en paraissant devant lui, qui peut par son départ précipité le jeter ce soir dans l'état où il était ce matin! Inconséquente tant que vous voudrez, Monsieur; mais je suis mère avant tout, et madame Ducoudray restera.

Ne l'espérez pas, Madame, reprit le comte, car elle-même se rendra justice. Une telle visite, toute bizarre qu'elle est, peut avoir son excuse dans une erreur, dans une plaisanterie; mais la prolonger, c'est vouloir un scandale.

— Ce scandale, qui le fera?

— Madame de Neuilly.

— N'avez-vous pas vu comment elle a accueilli Fernande?

— Parce qu'elle la prend pour madame Ducoudray.

— Eh bien! elle continuera de la croire ce qu'elle n'est pas, au lieu de savoir ce qu'elle est.

— Mais d'un instant à l'autre elle sera tirée de son erreur.

— Par qui?

— Par le premier venu, par M. Fabien ou par M. Léon.

— Quels motifs auraient-ils de lui faire une pareille confidence?

— Qui peut lire dans le cœur de deux jeunes fous comme ceux-là?

— Prenez garde M. de Montgiroux ; si vous en veniez à les accuser, je reviendrais à croire que vous êtes jaloux d'eux parce que vous faites la cour à madame Ducoudray.

— Et vous vous tromperiez, chère amie, reprit M. de Montgiroux avec une recrudescence de tendresse pour la baronne ; je ne suis jaloux que du repos de Clotilde et du bonheur de Maurice.

— Eh bien ! mais il me semble que moi aussi, je n'ai pas d'autre but que de rendre un mari à sa femme, en retenant ici madame Ducoudray.

— Et si, au contraire, vous le lui enleviez ?

— Comment cela ?

— Oui, si une passion assez violente pour avoir failli coûter la vie à Maurice ne lui a rendu la vie qu'avec l'espérance que cette passion serait partagée! C'est donc vous alors qui avez introduit dans la chambre même de Clotilde une rivale préférée; ne voyez-vous pas là, chère baronne un immense danger pour l'avenir de ces deux enfants?

— C'est vrai, à la bonne heure, voilà une considération sérieuse, et vous voyez bien que lorsqu'on me parle raison, je suis raisonnable.

— Et moi, ma démarche était donc toute naturelle; j'étais donc dans les conditions d'un oncle prévoyant, lorsque je voulais éloigner d'ici madame Ducoudray le plus tôt possible; c'était donc par amour pour Clotilde?...

— Oui, je comprends cela. Eh bien! regardez comme je suis folle, comte, je vous avais cependant soupçonné.

— Moi? dit M. de Montgiroux.

— Me le pardonnerez-vous, cher comte?

— Il le faudra bien.

— C'est que, écoutez donc, il n'y aurait rien d'étonnant quand vous n'auriez pu résister aux charmes de cette sirène.

— Oh! quelle idée!

— Savez-vous qu'elle était affreuse, cette idée?

— Comment?

— Sans doute, car enfin si Maurice avait été l'amant de madame Ducoudray....

— Il ne l'a jamais été.

— Mais, enfin, s'il l'avait été, savez-vous que votre liaison avec cette femme devenait un crime?

— Un crime? Pourquoi cela?

— Certainement, car enfin Maurice est votre fils, vous le savez bien, cher comte.

En ce moment un faible cri se fit entendre derrière la charmille ; le comte et madame de Barthèle se turent; puis, se regardant avec inquiétude, sortirent du bosquet; mais, ne voyant personne, ils se rassurèrent, et se dirigèrent vers la maison en continuant à voix basse la conversation.

XX

Pendant ce temps, comme on le sait, les deux amis se promenaient en fumant leur cigare.

— Eh bien! Léon, dit Fabien suivant de l'œil la colonne de fumée qui s'élevait en tournoyant au-dessus de sa tête, eh bien! n'admires-tu pas la tournure merveilleuse que les choses ont prise, et comme les bonnes actions sont récompensées? J'ai toute ma vie eu le désir de savoir quelle était Fernande; maintenant, grâce à l'indiscrétion de madame de Neuilly, je le sais. Tu grillais de l'envie de connaître quel était le souverain régnant rue Saint-Nicolas, n° 19 ; grâce au trouble de M. de Montgiroux, tu l'as appris.

— Sans compter, reprit Léon, la charmante comédie que nous avons eue toute la journée sous les yeux. Sais-tu mon cher, que c'est une maîtresse femme que Fernande, et que, si je n'en viens pas à mes fins, je suis capable d'en faire une maladie comme Maurice?

— Je ne te le conseille pas, car je doute que Fernande fasse pour toi ce qu'elle fait pour Barthèle.

— Tu crois donc qu'elle l'aime toujours?

— Elle en est folle, c'est visible.

— Mais si elle en est folle, alors que signifie sa liaison avec M. de Montgiroux?

— Oh! mon cher, ceci c'est un de ces mystères de l'organisation féminine qui seront toujours une énigme pour les La Rochefoucauld et les La Bruyère de tous les temps : peut-être est-ce un caprice, peut-être une vengeance, peut-être un calcul.

— Fernande intéressée, fi donc!

— Eh mon Dieu, qui sait? tu as vu la surface de toutes ces figures groupées aujourd'hui autour de Maurice convalescent; eh bien, qui aurait dit que derrière ces masques souriants il y avait au fond de chaque poitrine une bonne petite passion qui dévorait tout doucement le cœur.

— Et à propos de passion, où est la tienne, Fabien ?

— Oh! moi, ce sera long, c'est une grande affaire que j'ai entreprise là, une affaire d'été; l'hiver, je n'aurais pas le temps.

— Mais enfin, es-tu satisfait? Crois-tu t'apercevoir que tu fasses quelque progrès dans l'esprit de la belle jalouse ?

— Oui, je n'ai pas perdu ma journée ; j'allais même risquer ma déclaration entière, quand cette sotte de Fernande est venue nous déranger; aussi, je lui en veux sérieusement, et si je puis lui jouer le mauvais tour de t'aider à devenir son amant, je m'y emploierai de tout mon cœur.

—Il me semble, au bout du compte, que ce ne serait pas plus malheureux pour elle que d'avoir été la maîtresse de Maurice et de M. de Montgiroux.

— A propos de cela, as-tu réfléchi à une chose ?

— A laquelle ?

— Mais à ce que l'on dit dans le monde, que Maurice est le fils du comte.

— Ah ! c'est par Dieu vrai. Eh ! bien, mais alors Fernande serait donc....

— Une véritable Jocaste, mon cher ; seulement Œdipe ne succède pas à Laïus, c'est Laïus qui succède à Œdipe : il ne leur manque plus que de se rencontrer dans quelque étroit passage, et de mettre l'épée à la main l'un contre l'autre, pour compléter la ressemblance. Vois donc un peu à quoi l'on est exposé dans ce monde.

Les deux jeunes gens éclatèrent de rire ; Fabien, qui avait fini son cigare, en tira un autre de sa poche, et s'arrêta un instant devant Léon pour l'allumer.

— Et toi, lui dit-il quand l'opération fut terminée, où en es-tu ?

— Moi, dit Léon, je n'ai pas fait un pas en avant ; mais à cette heure je sais qui est Fernande ; j'ai appris que Maurice en est amoureux ; je n'ignore plus que M. de Montgiroux s'en va séchant de jalousie, et j'espère bien tirer parti de ces trois secrets.

— Comment, tu ferais de l'intimidation ?

— Que veux-tu ? si elle me réduit à cette extrémité, il me faudra bien l'employer.

— Mauvais moyen, mon cher, mauvais moyen ; crois-moi, j'en ai essayé une fois, et il m'a mal réussi ; à ta place je jouerais le sentiment; je tenterais hypocritement le respect au malheur; les femmes déchues tiennent beaucoup à être respectées, et elles sont fort reconnaissantes à ceux qui veulent bien se prêter à cette fantaisie.

— Oui, quand elles ne s'en moquent pas. Que ce manège te réussisse auprès de la naïve Madame de Barthèle, je le comprends, mais auprès de la rusée Fernande, ce serait, j'en ai bien peur, perdre ma peine et mon temps.

— Et ce n'est pas sûr, il est quelquefois plus facile de tromper les esprits subtils que le grossier bon sens. En définitive, quel est ton projet?

— D'attendre et de voir venir; j'avais compté sur notre retour à Paris; mais la voilà dans la maison, Dieu sait pour combien de temps.

— En attendant, mon cher, faisons une chose.

— Laquelle?

— Formons à nous deux une ligne offensive et défensive. Tu veux Fernande, moi je veux Clotilde; eh! bien, sers-moi près de Clotilde, et moi je te servirai près de Fernande.

— Je le veux bien, mais d'abord, explique-moi comment je dois m'y prendre, et dis-moi comment tu t'y prendras?

— J'avoue que mon rôle est plus facile que le tien; je puis, moi, aborder franchement la question sans marchander avec les mots. Quant à toi, il faut louvoyer; tu commenceras par t'excuser au nom de la nécessité, d'avoir osé introduire la courtisane près de la femme honnête; fais tout ce que tu pourras pour éveiller la jalousie de Clotilde ; dis-lui, par exemple, que Maurice t'a chargé de la rassurer, en lui disant qu'il était décidé à ne plus voir Fernande, ce qui lui sera tout naturellement une preuve du contraire.

— Ne faut-il pas entrelarder tout cela d'un mot d'éloge pour toi ?

— Ce n'est pas absolument indispensable ; il serait plus adroit, je crois, de médire ; comme tu es mon ami, la chose paraîtra toute naturelle.

— Tu me rends la tâche facile, mon cher Fabien ; ainsi c'est entendu.

— Ne m'abîmes pas trop, cependant.

— Je ne dirai que ce que je pense.

— Diable ! je crois que nous ne ferions pas mal alors d'arrêter le programme.

— Non, rapporte-t'en à moi.

— Chut ! voilà quelqu'un.

— Ainsi, c'est entendu.

— Ta main.

— La tienne.

Les deux jeunes gens se serrèrent la main, et le pacte fut conclu.

La personne qui venait à eux était madame de Neuilly; elle marchait vivement et avec la hâte d'une personne qui porte de fâcheuses nouvelles.

— Enfin, c'est vous, Messieurs, dit-elle; c'est galant de nous laisser ainsi seules, nous autres pauvres femmes; heureusement que vous êtes faciles à trouver, pour qui a affaire à vous; vos cigares brillent comme deux lanternes.

Les deux jeunes gens jetèrent leurs cigares.

— Croyez, madame, dit Fabien, que, si nous avions su que vous aviez quelque chose à nous dire, nous nous serions empressés d'aller au-devant de vous.

— J'avais à vous dire, messieurs, que vous aviez fait un charmant cadeau en amenant à madame de Barthèle et à Clotilde la respectable personne que vous avez conduite ici.

— Comment cela, madame? demanda Léon de Vaux; expliquez-vous, je vous prie.

— Ah! oui, faites semblant de ne pas comprendre; essayez de me faire accroire que vous ne saviez pas ce que c'était que votre prétendue madame Ducoudray.

Les deux jeunes gens se regardèrent.

— Eh! bien, qu'y a-t-il d'étonnant, voyons, à ce que j'aie découvert la vérité? Ah! mon Dieu, la chose n'a pas été difficile allez. Madame de Barthèle m'avait priée de faire transmettre, par son valet de chambre, au cocher de cette créature l'ordre de retourner à Paris, comme si cet ordre venait de sa maîtresse. J'ai fait mieux que cela, j'ai fait venir son cocher lui-même, lequel, lorsque je lui ai parlé de madame Ducoudray, a ouvert de grands yeux ébaubis, en homme qui demande : Qu'est-ce que c'est que cela madame Ducoudray? J'ai insisté, comme vous comprenez bien; alors j'ai appris que la prétendue madame Ducoudray n'était aucunement mariée; que le Ducoudray n'existait même pas; qu'elle s'appelait tout bonnement Fernande, et sans doute avait pris ce nom-là pour s'introduire dans une maison honnête. Je ne m'étonne plus que la jeune personne tenait tant à ce que le nom de son père ne fut pas prononcé. Eh!

bien, maintenant, tout s'explique, excepté l'amour de Maurice pour une pareille femme! En quel temps vivons-nous, mon Dieu, que les jeunes gens de famille fréquentent de pareilles créatures? Quant à moi, je sais qu'à la place de madame de Barthèle et de Clotilde, j'en voudrais mal de mort à ceux qui ont amené cette gentille personne à Fontenay.

— Ce serait une grande injustice, madame, dit Léon de Vaux, parvenant enfin à glisser une phrase entre le torrent de paroles qui tombaient de la bouche de la prude indignée, — car c'est madame de Barthèle elle-même qui nous a priés de lui présenter Fernande.

— Madame de Barthèle? Ah! je reconnais bien là l'inconséquence de ma chère cousine, mais au moins Clotilde ignore....

— Madame Maurice de Barthèle sait tout, dit Fabien.

— Comment! elle sait que son mari a aimé cette créature?

— Parfaitement.

— Et elle a permis qu'elle entrât dans la chambre de Maurice!

— C'est elle-même qui l'a conduite au pied de son lit.

— Oh! par exemple, s'écria madame de Neuilly, voilà qui passe toute croyance; cela ne m'étonne plus qu'en arrivant j'aie dérangé tout le monde, jusqu'à M. de Montgiroux. Est-ce que par hasard M. de Montgiroux avait un rôle dans cette scandaleuse comédie?

— Oui, dit en riant Léon de Vaux, mais il faut rendre au digne pair de France cette justice qu'il ignorait parfaitement qu'il dût trouver ici mademoiselle de Mormant; sans cela, je suis bien convaincu qu'il se serait gardé de quitter Paris.

— Je le crois bien ; on ne se soucie pas de coudoyer de pareilles femmes, et moi qui l'ai embrassée, mon Dieu, moi qui l'ai tutoyée, moi qui ai couru après elle toute la journée ; voilà ce que c'est que d'être trop bonne.

Les deux jeunes gens échangèrent un sourire.

— Et d'après ce que vous nous dites là, Madame, répondit Fabien, nous ne faisons pas de doute que nous ne soyons bientôt privés de votre aimable compagnie ; car, sans doute vous ne voudrez plus vous trouver dans la même chambre que votre ancienne amie.

— Sans doute, c'est ce que je devrais

faire, reprit la veuve de son ton le plus aigre; sans doute madame de Barthèle et Clotilde mériteraient que je leur donnasse cette leçon; mais je suis curieuse de savoir comment celle que vous appelez mon ancienne amie soutiendra ma présence.

— Mais, sans doute, comme elle l'a fait jusqu'à présent, avec beaucoup de modestie et de dignité à la fois, reprit Léon, car elle ignorera que vous savez son secret, à moins que vous ne le lui disiez ou que quelqu'un ne le lui dise pour vous.

— Et c'est ce que je ne manquerai pas de faire, pour mon compte, si elle a l'audace de venir m'adresser la parole; mais au reste, maintenant que je suis au courant de tout, ou à peu près, car il y a peut-être encore d'autres choses que j'ignore, je suis curieuse de voir la figure que chacun fera autour du lit de notre malade, et Maurice tout le premier. Ah! mais, j'y pense, s'écria madame de Neuilly, si Maurice aime cette femme, Maurice n'aime donc pas Clotilde.

Et un rayon de joie hideuse illumina le visage de madame de Neuilly. Cette seule pensée avait calmé le grand courroux de la veuve, et une sensation indéfinissable de bien-être se répandait dans toute sa personne; elle était vengée des dédains de l'homme dont elle avait désiré devenir la femme, et de celle qui l'avait emporté sur elle; grâce au secret qu'elle avait pénétré, elle se sentait maîtresse absolue de tous ceux qui se trouvaient mêlés au mystère de cette aventure; elle envisagea, d'un seul coup-d'œil, toutes les ressources que lui offrait sa position supérieure et inattaquable. Le génie du mal lui souffla au cœur qu'elle pouvait, en un seul instant et d'un seul mot, écraser de tout le poids de son dédain l'ancienne amie qui l'avait constamment emporté sur elle autrefois ; et toute joyeuse et suivie des deux amis, elle s'achemina vers le château.

Arrivée au perron, elle s'arrêta.

— Messieurs, dit-elle, une idée.

— Laquelle ?

— Répondez-moi franchement.

— Parlez d'abord.

— M. de Montgiroux a-t-il vu aujourd'hui la prétendue madame Ducoudray pour la première fois ?

Les deux jeunes gens se regardèrent, admirant l'instinct diabolique de cette femme.

— Je n'oserais en répondre, dit en souriant Léon de Vaux.

— Et, moi, je suis sûre qu'ils se connaissent; oui, ils se connaissent, et même il y a plus, M. de Montgiroux est amoureux de Fernande; j'ai surpris des regards de madame de Barthèle. Ah! en vérité, ce serait charmant, si Maurice et M. de Montgiroux....

Et, emportée par sa méchante nature, la veuve, à une idée qui se présenta à son esprit, éclata de rire.

— Charmant! répéta Fabien.

— Je veux dire affreux, reprit madame de Neuilly d'un air grave; affreux, c'est le mot, car....

— Car? reprit Fabien.

— Rien, rien, répondit la veuve. Vous avez raison, Messieurs, il faut garder le silence, et laisser aller les choses où elles vont. Ce que Dieu fait est bien fait.

Et avec un sourire d'indicible méchanceté, la veuve s'élança dans les escaliers, ayant hâte de se retrouver en face de toutes ces personnes qu'elle croyait désormais tenir dans sa main.

XXI

Pendant que toute l'intrigue de ce drame étrange, si simple à la fois et si compliqué, s'éclaircissait et se nouait en même temps entre les cinq ou six personnes que nous avons mises en scène, dans l'espace étroit du château de Fontenay-aux-Roses, et dans le court intervalle qui s'est écoulé depuis que nous avons mis sous les yeux de nos lecteurs le premier chapitre de cette histoire ; — le malade, ce grand enfant gâté qui n'avait encore connu les mécomptes de la vie humaine que dans les contrariétés d'un caprice amoureux où le sentiment, il est vrai, jouait son rôle, le malade, bercé par un doux rêve, attendait avec une impatience pleine de charme le moment de revoir Fernande. Assis près de son lit, le docteur répondait à ses questions, ajoutant complaisamment les mixtures balsamiques de son langage aux effets magiques de l'espérance ; art divin dont le formulaire est au ciel. Excitées par tant d'influences diverses, les facultés de Maurice reprenaient leurs fonctions dans le mécanisme animal et intellectuel de l'être, si bien que la pensée exerçait maintenant sans entraves son empire souverain,

— Docteur, dit-il en baissant la voix et en regardant timidement autour de lui ; docteur, puisque nous sommes seuls, vous allez m'expliquer, n'est-ce pas, comment il se fait que Fernande se trouve ici ?

— Est-il bien nécessaire d'expliquer ce que le cœur devine ? demanda en souriant le docteur.

— Elle a donc appris que je voulais mourir ?

— Vous êtes trop curieux pour un malade.

— Mais ma mère a donc permis...

— Quand a-t-on vu une mère hésiter lorsqu'il s'agit de sauver son enfant ?

— Alors elle sait...

— Elle sait tout.

— Et Clotilde, dit vivement Maurice, elle ne se doute de rien, je l'espère ?

— Rassurez-vous; grâce à vos amis qui vous ont secondé à merveille....

— Braves garçons! comment m'acquitterai-je jamais avec eux?

— Grâce au nom d'emprunt qu'ils ont donné à Fernande....

— Oui, mais comment a-t-elle consenti à prendre ce nom? Voilà ce qui m'étonne, moi qui la connais.

— Je crois qu'elle n'a consenti à rien, que tout était arrangé quand elle est arrivée, et qu'elle a été obligée, pour ne pas renverser toutes les espérances, d'entrer dans la position qu'on lui avait préparée.

— Et Madame de Neuilly qui retrouve en elle une amie de pension, comprenez-vous cela, docteur?

— Ah! ça, c'est un de ces effets du hasard qui échappent aux yeux des préparateurs les plus habiles ; heureusement que cette reconnaissance n'a rien dérangé. Quant à moi, j'avoue qu'un instant j'ai eu grand' peur.

— Ainsi, docteur, ainsi que je m'en étais toujours douté, Fernande n'est pas une femme de rien, mais tout au contraire une fille de famille élevée à Saint-Denis. Oh ! j'avais au moins deviné cela : il est impossible que tant de perfections, d'élégance, de délicatesse, n'appartinssent pas à une personne de race. Chère Fernande !

— Ah çà, mais un instant, monsieur mon malade, reprit le docteur en arrêtant Maurice au milieu de son enthousiasme ; un instant : maintenant que le docteur du corps est devenu le docteur de l'âme, maintenant que je suis non-seulement votre médecin, mais encore votre confes-

seur, répondez : vous êtes donc véritable-
affolé de cette femme ?

— Oh! silence, silence, docteur, répondit Maurice avec un semtiment de crainte
douloureuse, Mon Dieu! Clotilde est si
bonne, si parfaite, si angélique!

— Que vous l'admirez, n'est-ce pas,
mais que vous aimez Fernande!

— Que voulez-vous, docteur, c'est un
sentiment involontaire, irrésistible, qui
s'est emparé de moi tout entier, qui me
brûle, qui me dévore ? J'ai voulu le combattre ; j'ai été vaincu par lui, et j'allais
en mourir quand vous êtes venu, ou plutôt quand elle est venue. Alors, oh! docteur, je ne puis pas vous dire ce qui s'est
passé en moi ; à sa vue, je me suis senti
renaître ; il m'a semblé que l'air, le soleil,
la vie, tout ce qui s'était éloigné de moi

revenait à moi, et, dans ce moment même, tenez, rien que l'idée qu'elle est là, qu'elle va venir, que je vais la voir, cette idée m'inonde d'une joie infinie, d'une béatitude céleste. Écoutez, docteur, vous le savez maintenant, je l'aurais dit que vous ne l'eussiez pas cru peut-être, mais vous l'avez vu, il y va de mon existence ; eh bien ! docteur, soyez dans cette maison un ministre de paix et d'union.

— Oui, sans doute, vous désirez que je la retienne.

— Si la chose est possible, en sauvant les apparences.

— Nous ferons ce que nous pourrons pour cela. Je comprends, les mœurs sont à la mode, et quand on a votre âge, qu'on est homme du monde comme vous, on suit toutes les modes. Le diable n'y perd rien, c'est vrai ; mais, comme vous dites, les apparences sont sauvées.

— Oh? ne plaisantez pas sur les choses sérieuses, docteur.

— Eh! mon cher malade, est-ce ma faute, je vous le demande, si les choses plaisantes deviennent des choses sérieuses, et si les choses sérieuses deviennent de plaisantes choses? Vivons, c'est le point essentiel d'abord, ensuite vivons bien portants, enfin vivons heureux si c'est possible.

— Mais vivons, mais soyons heureux sans faire le malheur de personne, docteur, sans faire rougir ma mère, sans coûter de larmes à Clotilde : tout cela est bien difficile, j'en ai peur.

— Bah! guérissez d'abord votre maladie; ensuite, eh bien! j'essaierai de vous guérir de votre amour.

— Comment cela?

— Comme le docteur Sangrado, tout bonnement avec des saignées et de l'eau chaude.

— Mais je n'en veux pas guérir, moi, s'écria Maurice.

— Comme si cela dépendait de vous, dit le docteur; mais silence! voilà quelqu'un, sans doute Fernande!

— Non, dit Maurice, ce n'est point son pas.

C'était Madame de Neuilly suivie des deux jeunes gens.

Derrière eux, et comme ils venaient de prendre place, entrèrent à leur tour Madame de Barthèle, Fernande, Clotilde et M. de Montgiroux. Il se fit un mouvement de chaises et de fauteuils, et, au bout d'un instant, chacun se trouva assis.

Maurice, dans la disposition inquiète où se trouvait naturellement son esprit, avait vu entrer successivement toutes les personnes que nous venons de nommer, depuis Madame de Neuilly jusqu'à M. de Montgiroux, en cherchant successivement à lire sur leurs visages les sentiments divers qui les agitaient.

Soit préoccupation, soit réalité, l'expression de tous ces visages lui parut avoir changé depuis le moment du déjeuner. C'est que dans la journée il était pour chaque personne arrivé un événement important. Clotilde avait entendu l'histoire de Fernande et celle de madame de Willefore : ces deux histoires avaient été pour elle un grand enseignement. Madame de Barthèle avait, malgré la dénégation de M. de Montgiroux, conçu le soupçon que le comte connaissait Fernande, et ce soupçon continnait de lui mordre secrètement le cœur. Fernande avait appris que Maurice, tout en portant le nom de M. de Barthèle, était le fils du comte de Montgiroux, et cette idée terrible qu'elle avait été la maîtresse du père et du fils s'agitait dans son âme. Enfin madame de Neuilly avait appris que Fernande s'appelait Fernande tout court, et qu'il n'existait aucun M. Ducoudray. De plus elle avait deviné la jalousie de madame de Barthèle et l'amour de M. de Montgiroux. Les deux jeunes gens seuls étaient encore à peu près ce que Maurice les avait laissés ; mais que lui importait ce que pensaient les deux jeunes gens, qu'il regardait comme des amis dévoués ?

Ce n'était donc pas sans raison que Maurice remarquait un changement notable dans les physionomies.

En effet, chacun des personnages offrait sur son visage la trace des émotions qui venaient d'agiter son esprit ou son cœur. Le comte ne pouvait maîtriser son inquiétude à l'endroit des soupçons mal calmés de la baronne. La baronne cherchait en vain à dissimuler sa jalousie, et soupirait en essayant de sourire. Clotilde, éclairée par Fernande sur les intentions de Fabien et sur l'état de son propre cœur, n'osait regarder personne. Fernande, pâle, inanimée et le regard fixe, semblait une victime amenée là pour subir un supplice inévitable. Enfin madame de Neuilly, l'œil triomphant, les lèvres relevées par le mépris, les narrines gonflées par le dédain, semblait comme un mauvais génie planer sur l'assemblée qu'elle dominait.

D'abord le moment de l'arrivée avait produit une diversion favorable; on s'était salué, groupé, placé en échangeant de part et d'autre ces politesses dialoguées d'avance qui sont la monnaie courante des salons, mais bientôt, chacun se retrouvant occupé de ses intérêts, le silence le plus solennel avait régné.

C'était pendant ce moment de silence que Maurice avait, avec inquiétude, porté son regard sur les personnes qui environnaient son lit. Le résultat de cette investigation fut tel, qu'il se pencha à l'oreille du docteur et murmura à voix basse :

— Oh! mon Dieu! docteur, que s'est-il donc passé?

Le docteur avait grande envie de le rassurer, mais il sentait lui-même que quelque chose de nouveau, d'inconnu et de menaçant planait dans l'air.

Les personnages étaient groupés ainsi : Fabien était près de Fernande, Léon près de Clotilde; madame de Barthèle, qui avait résolu de ne pas laisser au comte un seul instant de relâche, l'avait fait asseoir à ses côtés; madame de Neuilly seule était isolée, comme si l'on eût compris, par un effet instinctif, qu'elle était une exception dans la nature et dans la société; elle pouvait donc distiller son venin tranquillement et consciencieusement sans être dérangée dans cette opération de chimie intellectuelle.

— Voyez, se disait-elle à part soi avec ce sourire de haine qui avait non moins effrayé Maurice que les figures bouleversées des autres personnages, voyez si un de ceux qui sont là s'occupera de moi, daignera m'adresser un mot, aura même la volonté de me faire une politesse ! M. Léon s'occupe de Clotilde ; c'est pardonnable, nous sommes chez elle, et puis peut-être profite-t-il de l'abandon de son mari pour lui faire la cour. Tiens, ce ne serait pas maladroit, et il serait curieux que la petite cousine rendit la pareille à son mari. M. de Rieulle n'a de regard, d'attention, de paroles que pour mademoiselle Fernande, une misérable fille entretenue. M. de Montgiroux fait semblant d'écouter ce que lui dit madame de Barthèle, et essaie de lui répondre ; mais ici cet empire si vanté sur lui-même lui échappe, et il est visiblement à toute autre chose. Moi seule, je suis isolée, délaissée, perdue.

Eh bien! comme d'un mot, si je voulais, tout changerait autour de moi, oui, d'un mot! murmurait la veuve en souriant de son sourire le plus venimeux; je n'aurais qu'à dire à Clotilde :

— Vous êtes jeune, vous êtes belle, vous êtes riche, mais, vous le voyez, la jeunesse, la beauté, la richesse, sont insuffisantes pour fixer un mari; en revanche, elles assurent des amants.

A Fernande :

Vous avez enlevé le mari à la femme, vous vous êtes présentée ici sous un faux nom : vous attendez avec impatience que Maurice, qui vous couve des yeux, soit revenu à la santé pour reprendre avec lui une intrigue adultère.

A M. de Montgiroux :

Vous vous jouez de vos serments en politique comme en amour. Blasé sur les plaisirs à demi permis, vous excitez vos appétits par le ragoût de l'inceste ; mais votre fortune, toute colossale qu'elle est, ne suffit pas pour vous donner sans partage un cœur banal, qui s'est fait du changement un besoin.

A madame de Barthèle :

Cette créature que, contre toutes les règles sociales, vous avez appelée chez vous par faiblesse pour votre fils, profite de cette hospitalité que vous lui donnez en vous enlevant l'homme qui, pendant vingt-cinq ans, a fait de vous une pierre d'achoppement et de scandale.

A Maurice enfin, qui est là sans mot dire et qui nous regarde tous les uns après les autres d'un air stupide :

Vous vous croyez bien heureux, et vous ne vous doutez pas que votre père vous succède dans la maison, sinon dans le cœur de votre maîtresse, et que votre ami vous supplante près de votre femme.

Oui, si je voulais, je punirais tous ceux qui sont ici de cet isolement dans lequel ils me laissent, et je les verrais tous tremblants se traîner à mes pieds et me demander grâce.

Eh bien! ajouta-t-elle en jetant les yeux sur la pendule, eh bien! c'est ce que je ferai si, d'ici à cinq minutes, quelqu'un n'est pas venu s'asseoir à côté de moi.

Comme on le voit, Maurice n'avait pas si grand tort de craindre.

Heureusement que pendant ce soliloque des conversations partielles agitaient les intérêts particuliers.

Léon de Vaux était, comme nous l'avons dit, près de Clotilde.

— Madame, lui dit-il à voix basse après un instant de silence, je suis heureux de me trouver près de vous pour prendre sur moi tout ce que cette journée a pu amener d'événements étranges et inattendus, et pour disculper en même temps mon ami Fabien. Si douloureuse que soit pour moi cette conviction que j'ai pu encourir votre disgrâce, je dois m'accuser en honnête homme ; c'est moi qui, sur l'invitation de madame de Barthèle, ai amené Fernande; Fabien ignorait tout.

— Monsieur, répondit Clotilde avec calme et dignité, vous êtes, je le sais, l'intime ami de M. de Rieulle, et votre langage me prouve que vous partagez ses plus secrètes pensées. Évitez-moi donc l'embarras et épargnez-moi la nécessité de lui faire comprendre que son retour dans ma maison serait désormais une démarche inutile. La prudence et le bon goût lui eussent sans doute d'eux-mêmes conseillé de n'y plus reparaître. Mais puisque vous me fournissez l'occasion de m'expliquer nettement à son sujet, veuillez lui dire que les écarts d'un mari n'autorisent jamais la femme à méconnaître ses devoirs quand elle est de celles qui trouvent le bonheur dans la conscience. Vous remarquerez que je ne prononce pas même le mot de vertu, tant je crains d'exagérer quelque chose. Veuillez ajouter que ce n'est pas une crainte personnelle qui me fait vous dire ce que je vous dis, que j'ai pu l'entendre et le voir sans être alarmée, que je le pourrais encore sans danger aucun; mais il sera plus convenable à lui, plus respectueux pour moi, qu'il s'abstienne désormais de revenir ici; Maurice pourrait surprendre un de ses regards, une de ses paroles; je ne serais pas certaine moi-même de pouvoir cacher plus longtemps le dégoût que me causerait sa trahison envers un ami. Vous le savez, Monsieur, on n'a pas besoin d'aimer sa femme pour en être jaloux. Je ne voudrais pour rien au monde être une cause de brouille entre M. de Barthèle et M. de Rieulle. Voilà donc pour M. Fabien. Quant à vous, Monsieur, continua Clotilde, l'accusation que vous portez contre vous-même me laisse peu de chose à dire. Cependant j'ajouterai aux reproches que vous fait déjà votre conscience, que c'est une grande légèreté à vous de n'avoir pas réfléchi qu'il y avait quelque ridicule pour moi à me trouver en face de madame Ducoudray, personne fort belle, fort distinguée, d'une éducation parfaite, d'une excellente famille, d'une conduite irréprochable, je me plais à le croire, mais enfin que mon mari a aimée et qu'il aime encore. La raison qui vous a guidé était excellente, mais ce n'est pas toujours la raison qui règle la manière dont on reçoit les gens, pour nous autres femmes, surtout, chez lesquelles les sensations vont toujours du cœur à l'esprit, pour nous qui n'avons presque jamais assez de force pour tout raisonner. Nos antipathies, nos préventions, nos préjugés sont quelquefois insurmontables, et vous vous trouvez dans toute cette affaire lié à un événement si triste, qu'il me serait, je le sens, impossible d'en perdre le souvenir. Daignez donc comprendre, Monsieur, combien je serais désespérée que mon accueil se ressentît plus tard des circonstances dans lesquelles je me trouve, ce qui ne manquerait pas d'arriver, tant je me sens, je vous l'avoue, en fausse et mauvaise disposition.

Un sourire des plus gracieux accompagna ces dernières paroles, que Léon écouta d'un air stupéfait ; puis Clotilde se leva, et voyant à côté de madame de Neuilly une place vide, quelque peu de sympathie qu'elle eût pour son acariâtre cousine, elle alla s'asseoir auprès d'elle.

Il était temps ; la veuve, les yeux fixés sur l'aiguille de la pendule, ne calculait déjà plus par minutes, mais par secondes.

— Ah! chère Clotilde, s'écria-t-elle de cet air aigre-doux qui lui était habituel, que vous êtes donc une personne charmante, de vous apercevoir de mon isolement..... Je suis véritablement enchantée que vous veniez causer un instant avec moi; j'ai tant de choses à vous dire... Ah! depuis que je ne vous ai vue, ma pauvre chère, j'en ai appris de belles sur mon ancienne compagne de Saint-Denis. D'abord elle n'est pas mariée; ensuite sa conduite est plus que légère. Enfin elle est horriblement compromise.

— Ma cousine, interrompit Clotilde d'un ton sec, en supposant que tout cela fût vrai, croyez que, pendant tout le temps qu'elle est ici du moins, je me serais très volontiers contentée de l'ignorer.

— Vous n'ignorez pas au moins qu'elle a fait tourner la tête à votre mari.

— Je suis convaincue que Maurice va m'assurer le contraire, répondit Clotilde en se levant.

Et elle alla s'asseoir près du malade pour y chercher un refuge contre les autres et contre elle-même.

Pendant ce temps, la baronne, de son côté, causait à voix basse avec le comte.

— Comte, lui disait-elle, j'ai cru au premier abord, et avec ma confiance naturelle, à tout ce que vous m'avez dit à propos de Fernande.

Le comte tressaillit; puis se remettant aussitôt :

— Et vous avez bien fait, baronne, lui

répondit-il, car je vous ai dit, je vous le jure, l'exacte vérité.

Le comte jurait facilement, comme on sait; il en était à son huitième serment.

— Ainsi, vous ne connaissiez pas Fernande?

— C'est-à-dire que je la connaissais de vue, comme on connaît une femme à la mode.

— Et vous êtes toujours libre?

— Qu'entendez-vous par là?

— Qu'aucun lien inconnu ne vous enchaîne et ne vous empêche de faire du reste de votre vie ce que vous voulez?

— Aucun; mes devoirs politiques exceptés.

— Vos devoirs politiques n'ont rien à faire avec ce que j'ai à vous demander. Je vous remercie donc de m'avoir rassurée sur tous ces points; nous achèverons cette conversation plus tard et dans un autre endroit.

Et la baronne à son tour se leva et alla s'asseoir près de madame de Neuilly.

— Eh bien, ma bonne cousine, lui dit la veuve, qu'avez-vous donc ? je ne vous ai jamais vue si pâle; est-ce que par hasard M. de Montgiroux vous aurait avoué...

— Quoi?

— Mais ce que tout le monde sait, mon Dieu ! qu'il a une passion pour mon ancienne amie de pension, Fernande, et qu'il est l'heureux successeur de Maurice.

Je ne sais, dit froidement la baronne, si M. de Montgiroux aime ou n'aime pas votre ancienne amie de pension, Fernande;

mais ce que je sais, c'est que je vous invite à assister à mon mariage avec lui, qui aura lieu dans quinze jours ou trois semaines.

— Quelle folie ! s'écria la veuve.

— Ce n'est pas une folie, Madame, dit la baronne avec dignité ; c'est purement et simplement la réparation d'un scandale qui, je m'en suis malheureusement aperçue bien tard, durait déjà depuis trop long-temps.

Et, se levant avec un froid salut, elle alla rejoindre Clotilde et prendre place avec elle près du lit de Maurice.

En ce moment, cédant à un mouvement presque irréfléchi, Fernande quittait Fabien, avec lequel elle était en train de causer, et allait s'asseoir à son tour près de madame de Neuilly.

— Ah! chère amie, dit la veuve, voici un mouvement dont je dois te savoir gré. Tu étais là près d'un jeune homme beau, élégant, et qui sans doute te disait des choses charmantes, et tu le quittes pour venir causer avec une pauvre isolée. En tout cas, tu fais bien, car, tu le sais, on est plus isolée au milieu d'un salon rempli de monde que dans le bosquet le plus solitaire, où quelqu'un peut nous écouter et nous entendre. Nous allons donc pouvoir en venir enfin aux confidences. Eh bien! voyons, que fait ton mari? Est-il jeune, est-il aimable, est-il riche, t'aime-t-il beaucoup?

Fernande la regarda d'un œil sévère. Toujours en garde contre les autres et souvent aussi contre elle-même, elle ne pouvait se méprendre à cette ironie vulgaire. Un tact trop fin l'avertissait ordinairement de toute intention hostile, et, dans les circonstances où elle se trouvait placée, ses pressentiments, joints à la connaissance approfondie qu'elle avait du caractère de la veuve, la mirent instinctivement en garde contre le danger. Mais obligée de baisser la voix et de contraindre la véhémence de ses sentiments, il en résulta dans sa réponse une expression stridente qui fit tressaillir la veuve.

— Madame, dit Fernande, vous m'avez trouvée d'une réserve extrême envers vous, et ce respect que je vous ai rendu devrait désarmer votre justice. Ne soyez pas implacable pour une femme qui fût votre amie, et qui, avant que vous lui eussiez parlé, se reconnaissait déjà indigne de ce nom. Ne me forcez pas de me justifier hautement, car je ne le puis sans faire retomber le poids de mes fautes sur d'autres que sur moi. Plaignez-moi donc, Madame, et ne m'accusez pas. La vertu perd de son auréole lorsqu'elle cesse d'être pitoyable envers les cœurs qui souffrent. Soyez bonne et indulgente; c'est un beau rôle et une noble conduite. Je ne voudrais rien vous dire, Madame, qui sentît l'aigreur de mes justes ressentiments. Les femmes qu'on n'attaque point n'ont pas de peine à se défendre. Malheureusement, cette vérité ne justifie nullement les femmes attaquées, et qui n'ont pas su remporter la victoire.

Alors la courtisane, soutenue par sa propre douleur, se leva, noble et digne comme une reine, alla se placer au piano, l'ouvrit, et préluda de sa main savante.

C'était rappeler à tous que la réunion dans la chambre de Maurice avait pour but de faire de la musique.

Pour elle seulement, la musique, c'était l'isolement, c'était la solitude, c'était enfin un moyen de mettre dans sa voix les larmes qui gonflaient ses paupières, les sanglots qui brisaient sa poitrine. On fit silence, car il y avait quelque chose de si profond et de si vibrant dans le prélude, que chacun comprenait que le chant allait être quelque chose de souverainement beau.

Ce prélude annonçait la romance du *Saule*, ce chef-d'œuvre de douleur que l'on est si étonné de trouver grave, simple et sévère, au milieu des brillantes fioritures de la musique rossinienne, et qui dut, lorsqu'elle parut, laisser deviner dans un prochain avenir *Moïse* et *Guillaume Tell*.

Soit que l'état fébrile dans lequel elle se trouvait ajoutât encore à l'expression ordinaire de sa voix, soit que Fernande eût réuni toutes les ressources de sa puissante organisation musicale afin de produire une profonde impression sur Maurice et de le préparer à la scène qui devait nécessairement avoir lieu entre eux, jamais, du moins pour les personnes présentes, et qui, on se le rappelle, étaient en proie chacune à quelque passion ou à quelque sentiment, la voix humaine n'était arrivée à ce degré d'éclat et de magie. chacun écoutait, haletant, sans souffle, sans voix, sans mouvement, cette vibrante mélodie qui se répandait dans l'air, et qui, semblable à un parfum, enveloppait les auditeurs, pénétrait en eux, et courait dans leurs veines en frissons étranges et inconnus. Ce chant, déjà si grand et si triste par lui-même, acquérait dans la bouche de Fernande quelque chose de désolé et de prophétique qui terrassa les plus railleuses organisations et les plus sceptiques résistances ; de sorte qu'au troisième couplet Maurice, Clotilde, madame de Barthèle, le comte de Montgiroux, les deux jeunes gens et la veuve elle-même, pareils à ces titans qui avaient essayé de lutter contre Jupiter, se courbaient foudroyés sous la puissance de l'art et du génie.

XXII

La pendule sonna onze heures.

Ce bruit étranger, en se mêlant à l'harmonie qui semblait tenir toutes ces âmes enchaînées à la voix de Fernande, rompit le charme ; c'était la voix de la terre, c'était le cri du temps.

Madame de Neuilly fut la première à secouer la chaîne invisible qui liait l'auditoire. Son âme était mal à l'aise dans cette région surhumaine, il fallait à son esprit, pour qu'il jouît de toute sa puissance, la solidité des choses positives, comme il fallait à Antée le sol pour y retrouver les forces qu'Hercule lui faisait perdre en l'enlevant dans ses bras; d'ailleurs, madame de Neuilly était impatiente de se relever vis-à-vis d'elle-même de l'espèce d'ascendant moral que la courtisane avait exercé sur son esprit; pour la première fois, la riposte lui avait fait faute, et elle était restée sans réponse devant une femme. Qu'était donc devenue son acrimonie habituelle? La dignité froide de Fernande l'avait-elle paralysée? Cette idée humiliait sa vanité; à tout prix, il fallait qu'elle réparât cet échec, qu'elle rentrât dans son caractère, qu'elle reprît confiance en elle-même, qu'elle méditât quelque bonne noirceur, pour bien se convaincre qu'elle n'avait rien perdu de ses excellentes habitudes; mais elle sentait qu'avant toutes choses, l'air et l'espace lui devenaient indispensables pour qu'elle pût se dégager entièrement de la terrible influence que les bonnes façons, l'élégance parfaite et le ton supérieur de Fernande avaient conquise sur elle; aussi songea-t-elle à partir.

Or, les retraites de madame de Neuilly étaient comme celles des Parthes, et jamais l'aristocratique personne n'était si dangereuse qu'au moment où elle se retirait.

— Onze heures! s'écria-t-elle, oh! mon Dieu, chère baronne, comme le temps passe chez vous! et quand je pense que l'aiguille a fait le tour du cadran depuis que je suis ici! Cependant il faut du repos à notre malade, n'est-ce pas, docteur Gaston?

Le docteur salua en signe d'assentiment.

— Je vous laisse donc, mon cher Maurice, continua la veuve, et je vous laisse en emportant pour vous l'espoir d'une prompte guérison. Au revoir, mes chères cousines; à bientôt, M. de Montgiroux; je verrai demain la moitié de la Chambre haute chez la duchesse de N..., et je vous excuserai près de vos illustres collègues à propos de la réunion préparatoire que vous savez. Maurice, mon très cher cousin, il n'est en vérité pas un homme qui ne voulût être à votre place, ne fût-ce que pour être soigné comme vous l'êtes.

Le fait est que c'est un plaisir d'être malade lorsqu'on est l'objet de tant de soins inspirés par des sentiments à la fois si dévoués, si généreux et si désintéressés. Madame Ducoudray reste à Fontenay, je présume, puisque sa voiture est partie ; moi, j'ai gardé la mienne, une triste voiture de louage; si cependant, telle qu'elle est, messieurs de Rieulle et de Vaux ne dédaignent pas d'y prendre place, je serais charmée de voyager sous leur sauvegarde, non pas que je craigne les aventures, Dieu merci! mais le hasard est si étrange, et m'a donné aujourd'hui de si singulières leçons ; qui sait, on n'aurait qu'à me prendre dans l'obscurité pour madame Ducoudray, et m'enlever de confiance, c'est ce qu'il faut éviter dans l'intérêt de tout le monde.

—Pour moi, madame, dit Fabien, je suis véritablement désespéré de n'avoir point l'honneur de votre compagnie ; mais je suis venu dans mon tilbury, et j'ai un cheval si ombrageux, qu'il briserait tout s'il ne reconnaissait pas dans la main de son conducteur la main du maître ; mais, ajouta-t-il en souriant, voici mon ami Léon de Vaux, qui était venu avec madame Ducoudray, et qui sera enchanté de s'en retourner avec vous.

Léon, pris dans le piège, ne put reculer ; il lança un coup-d'œil féroce à Fabien, et offrit galamment le bras à madame de Neuilly, qui attendit un instant que madame de Barthèle et Clotilde vinssent l'embrasser ; voyant bientôt que les deux femmes se contentaient d'une froide révérence, elle leur répondit par un salut pareil. Quant à Fernande, elle se contenta de se soulever devant le piano, et s'inclina avec plus de froideur encore que les deux hôtesses.

A peine madame de Neuilly fut-elle sortie, accompagnée des deux jeunes gens, que l'on ressentit de part et d'autre un embarras extrême. Tant que les étrangers, les importuns et les méchants avaient été là, chacun avait senti la nécessité de veiller sur soi et de se défendre, et le sentiment de sa propre conservation avait tenu tout le monde en haleine ; les deux jeunes gens et la veuve éloignés, on restait pour ainsi dire en famille, et le besoin de se ménager les uns les autres disparaissait, laissant chacun dans un malaise réel. La pauvre Fernande surtout, abandonnée de son orgeuil que madame de Neuilly semblait avoir emporté avec elle, était prête à perdre contenance à l'idée qu'elle se trouvait seule dans cette maison, dont toutes les convenances sociales lui muraient la porte ; elle fut saisie d'une irrésistible émotion. Pourquoi avait-on renvoyé sa voiture ? Qu'espérait-on d'elle encore, et que pouvait-elle faire pour Maurice, après le secret de paternité qu'elle avait surpris entre M. de Montgiroux et lui ? et comment de son côté enfin, le comte pouvait-il supporter son regard ? Mais ces questions, qui passèrent rapidement dans son esprit, restèrent sans réponse devant un de ces mouvements de l'âme qui précèdent les actions courageuses, les résolutions fermes et instantanées. Sans doute tout était encore vague et confus dans sa pensée ; cependant une lumière venait d'y poindre, elle était décidée à marcher à la lueur de cette lumière.

— Madame, dit-elle à demi-voix à la baronne, je vous ai donné, je l'espère, une grande preuve d'abnégation, j'ai consenti à tout ce que vous avez désiré de moi dans le cours de cette terrible journée ; qu'exigez-vous encore avant que je me retire ? je suis tout prête à le faire.

Cette demande, tombant chez la douairière au milieu d'une disposition d'esprit analogue à celle qui dominait la situation générale, l'embarrassa fort. Madame de Barthèle n'était plus soutenue dans ses rapports avec Fernande par la crainte de perdre son fils, qui était visiblement entré en convalescence ; d'un autre côté, l'idée que la courtisane lui avait déjà enlevé, ou était sur le point de lui enlever le comte, murmurait des paroles d'égoïsme au fond de son âme ; elle se repentait de ce premier mouvement de confiance qui lui avait fait renvoyer la voiture de madame Ducoudray, et, hors du danger, peut-être allait-elle céder à cette ingratitude si naturelle aux gens du monde envers ceux qu'ils regardent comme leurs inférieurs, et qu'ils croient, par conséquent, trop heureux de leur avoir rendu un service ; peut-être allait-elle proposer brutalement à madame Ducoudray de la faire reconduire à Paris dans sa propre voiture, lorsque Clotilde qui vit l'hésitation de sa belle-mère et jugea la situation d'un coup-d'œil, cédant aux instincts généreux de la jeunesse, s'empressa de s'emparer de Fernande.

— C'est à moi, madame la baronne,

dit-elle, de faire maintenant à *notre amie* les honneurs de l'hospitalité.

Puis se retournant vers son mari :

— Maurice, dit-elle, nous allons vous laisser; il est onze heures passées, et il ne faut pas trop présumer de vos forces. Soyez calme, et songez que tout le monde ici fait, non-seulement des vœux pour votre santé, mais encore pour votre bonheur.

Le silence dans certaines situations devient plus éloquent qu'aucune parole qu'on puisse dire. Un doux regard et un faible soupir furent la seule réponse du malade, et cette réponse fut comprise tout à la fois de Clotilde et de Fernande.

Le pair de France seul était resté

comme cloué sur son fauteuil, en proie qu'il semblait être à des réflexions profondes et au combat de résolutions contradictoires.

— Monsieur de Montgiroux, dit madame de Barthèle, n'êtes-vous pas aussi d'avis qu'il est temps de se retirer, et de laisser Maurice commencer sa nuit? Il doit, comme chacun de nous et plus que chacun de nous, avoir besoin de repos après une journée si agitée et si fatigante.

Le comte, tiré de sa somnolence fiévreuse, se leva, murmura quelques paroles qui semblaient la confirmation de la pensée émise par la baronne, et docile comme un enfant coupable, il sortit après avoir serré la main de Maurice et salué la baronne, Clotilde et Fernande.

Maurice exigea qu'on le laissât seul, affirmant qu'il n'avait pas de garde plus fidèle à espérer que sa propre pensée, avec laquelle il avait grand besoin de se retrouver à son tour, et que son valet de chambre, qui resterait dans la chambre à côté, et à portée du bruit de sa voix ou de sa sonnette, lui suffirait parfaitement. Le docteur interrogé n'eut pas de volonté à cet égard, il répondit qu'il fallait laisser le malade faire comme il l'entendrait, et ne le contrarier que pour les choses nécessaires; si bien que la mère, rassurée, n'insista point pour qu'il en fût autrement. Elle embrassa tendrement Maurice, tandis que Clotilde saluait son mari d'un dernier regard et sortait pour conduire Fernande à son appartement; et bientôt dans cette demeure redevenue calme, en apparence du moins, au sein de la nuit silencieuse, le drame du cœur n'eut plus que des monologues.

Dans la lutte incessante des passions que fait naître l'égoïsme inhérent à la nature humaine, et qui, filles religieuses, l'alimentent à leur tour, la plus vivace entre toutes devait travailler intérieurement les cinq personnes qui habitaient encore le château de Fontenay, et surtout lorsqu'elles purent descendre en elles-mêmes dans la solitude et l'isolement, libres de toute obsession étrangère. Alors la jalousie, ou, réduisons le mot poétique à sa juste expression matérielle, alors l'amour de la propriété déploya ses ailes dans les espaces de la pensée, pour les replier ensuite avec précaution autour du nid où se couvent les plus chères espérances, où se concentrent, pour chacun, les biens qu'il regarde comme les plus précieux, où l'avare pond son or, où l'ambitieux réchauffe l'œuf sans germe des grandeurs, où l'amant renoue la chaîne brisée de sa constance; car depuis le jour où, pour la première fois, l'homme, dans le but de satisfaire ses appétits, étendit la main vers une proie, et s'assimila ce qu'il pouvait saisir, acquérir et conserver devinrent les deux principes corrélatifs de son existence. — Nos cinq personnages, retirés chez eux ou isolés par le départ des autres, agitaient donc dans la cellule de leur conscience respective la question individuelle, l'envisageant chacun à son point de vue particulier.

Le comte de Montgiroux, en sa qualité d'homme d'état, de législateur, de juge, d'amant et de vieillard, devait tenir à son droit de propriété comme à la plus importante des prérogatives que donnent le rang, la fortune et la position sociale, et s'y cramponner par conséquent avec toute l'énergie d'une volonté qui brille de sa dernière lueur. Or, Fernande était maintenant pour lui la chose la plus précieuse, la chose qui lui tenait le plus au cœur, et surtout depuis qu'il la voyait ainsi convoitée et attaquée de tous les côtés. Aussi, pour la conserver, était-il prêt aux plus grands sacrifices.

Il y avait deux moyens, selon le comte, de conserver Fernande.

Le premier, celui qui naturellement devait se présenter à un esprit faible et habitué à la soumission, était la ruse. Madame de Barthèle lui avait le soir même, et dans son tête-à-tête au milieu du monde, glissé quelques mots de la nécessité de l'union qu'elle avait résolue; et le comte, qui l'avait d'abord mentalement repoussée de toutes les forces de son esprit, s'y était peu à peu habitué en pensant que c'était un moyen de continuer avec Fernande la vie de mystère qui lui promettait le bonheur. Il ferait à madame de Barthèle la concession de devenir son mari, elle lui ferait celle de lui laisser sa maîtresse. M. de Montgiroux avait l'habitude des grandes transactions politiques et sociales.

Malheureusement, en adoptant cette ingénieuse combinaison, le bonheur du pair de France reposait toujours sur ce point douteux, l'adhésion de Fernande. Or, il connaissait assez Fernande pour croire qu'elle se prêterait difficilement à cet arrangement, quelque logique et convenable qu'il fût.

L'autre moyen était une de ces ressources qu'on repousse d'abord comme insensées, puis qui se représentent après avoir grandi dans l'éloignement où on les a repoussées, et qui bientôt reviennent grandissant toujours, jusqu'à ce qu'elles vous enveloppent d'une obsession éternelle, perdant chaque fois un peu de la terreur qu'elles vous inspiraient; enfin, après une lutte triomphante, elles vous apparaissent comme une chose redevenue naturelle de monstrueuse qu'elle était auparavant, pareilles à ces masses informes que l'ourse met au jour et dont, à force de les lécher, la mère obstinée parvient à faire des oursons.

M. de Montgiroux avait si bien tourné et retourné ce projet informe et monstrueux dans sa pensée, qu'il avait fini par en faire une chose qui lui paraissait très arrangeable ; maintenant le projet n'était autre que d'épouser Fernande.

— Il y a un fait positif, se disait-il en lui-même; c'est que je ne puis plus être heureux maintenant sans la possession de cette charmante femme, qui est devenue nécessaire à ma vie. Or j'appaiserai plus facilement madame de Barthèle que je ne parviendrai à fixer Fernande. Si je dois me marier pour faire un acte de raison où de folie, que ce soit au moins dans l'intérêt de mon bonheur et pour embellir mes dernières années. Fernande est une fille de bonne maison, d'un noble caractère, d'un esprit cultivé, qui sentira la grandeur du sacrifice que je fais pour elle. Devenue ma femme, elle se croira obligée, pour racheter ses fautes passées, de se conduire d'une manière irréprochable. Alors je ne craindrai plus de rivaux, si jeunes et si séduisants qu'ils soient; Maurice surtout devra respecter la femme de son oncle, que dis-je? la femme de son père. Madame de Barthèle, une fois calmée, comprendra et fera comprendre à tous que j'agis ainsi dans l'unique but de rendre Maurice à Clotilde, et pour briser en lui les dernières espérances d'un fol et coupable amour. Fernande, dira-t-on, avait résisté; cela même fera bien dans le monde, que Fernande ait résité à Maurice. Cette résistance avait produit un déespoir profond, un désespoir qui pouvait mener Maurice au tombeau. Ces considérations m'auront déterminé, j'aurai même tout l'honneur d'un grand dévouement. Madame de Barthèle elle-même donnera au monde ce bel exemple d'amour maternel et de respect humain. Notre conduite sera interprétée dans le sens le plus convenable si nous savons choisir un de ces moments où la société est bien disposée. Enfin, cette aventure romanesque sera d'autant plus touchante, qu'elle contiendra plus d'invraisemblances. Je connais le monde, il croit tout ce qu'on veut lui faire croire, pourvu que les choses soient incroyables; c'est le meilleur parti, le parti auquel je dois m'arrêter, le parti qui concilie tout, et par conséquent le parti le plus sage. Je m'y arrête donc décidément. Ma vie publique appartient au pays, et Dieu merci! pendant les quarante années que je lui ai données, j'ai fait assez de sacrifices à la patrie; mais ma vie privée est à moi seul, et je puis la diriger comme bon me semble. D'ailleurs, quand je serai heureux, que m'importe ce qu'on dira? et puis, combien de temps dira-t-on quelque chose? Mon mariage fera bruit huit jours avant, huit jours après sa célébration; on en parlera beaucoup pendant six semaines, on s'en occupera encore pendant un mois, par hasard, et quand la conversation tombera là-dessus. J'irai aux eaux avec Fernande; elle y sera charmante et séduira tout le monde. Je parlerai de mes projets de réception pour l'hiver, une fois par semaine, tantôt un bal, tantôt une soirée musicale.

Je suis riche, j'aurai chez moi les plus jolies femmes et les meilleurs chanteurs de Paris : au bout de trois mois on se disputera mes invitations, et au moins, de cette façon, j'aurai une maison, un ménage, un foyer domestique, bonheur dont j'ai été constamment privé, moi qui étais né pour les vertus intérieures et la vie intime. Ainsi c'est décidé, je profite des émotions de la journée, qui ont dû mettre ma belle Fernande en disposition de m'entendre. Je connais tous les passages de la maison, un corridor seulement nous sépare : bientôt chacun dormira, et moi je profiterai du sommeil de tout le monde pour lui porter cette bonne nouvelle.

Nous devons ajouter, à l'honneur du pair de France, qu'il ne lui vint pas même à l'idée que Fernande pût refuser une offre aussi honorable et surtout aussi avantageuse que celle qu'il se proposait de lui faire. Dans son impatience, il parcourait la chambre en tous sens, prêtant de temps en temps l'oreille pour écouter, et guettant le moment où il pourrait sans imprudence faire sa visite nocturne.

Madame de Barthèle, de son côté, méditait sous l'influence de sentiments pareils. Il y avait de plus en jeu chez elle la vanité féminine, ce mobile si puissant qu'il conserve à la vieillesse elle-même toute la chaleur et toute l'activité du jeune âge, et qu'il entretient les illusions du cœur à ce point de rendre ridicule chez les uns ce qu'on plaint ou ce qu'on admire chez les autres. D'ailleurs la baronne, ainsi que nous l'avons dit, avait été d'une constance parfaite dans son infidélité ; elle avait trahi le mari toute sa vie, c'est vrai, mais jamais l'amant. La confiance naturelle qu'elle avait en elle-même s'augmentait encore de ce respect gardé à la foi jurée, de telle sorte que, soutenue par ses travers dans l'espoir de conserver et par ses qualités dans la crainte de perdre, elle ne doutait pas de son pouvoir, surtout lorsqu'il s'agissait d'imposer sa volonté au comte de Montgiroux, qui jusqu'à ce moment au reste n'avait jamais essayé que timidement de s'y soustraire.

Aussi la lueur qu'avait fait naître dans son âme la préoccupation du pair de France depuis le moment où madame Ducoudray était arrivée, lueur qu'avait changée en lumière éclatante l'apostrophe maligne de madame de Neuilly, mettait-elle la baronne dans un état d'exaspération facile à concevoir pour quiconque connaissait ce caractère primesautier, tout plein de mouvements irréfléchis et d'emportements mal calculés.

— Ah! l'ingrat, disait-elle, qui eût jamais cru cela de lui? ou plutôt c'est une révélation qui me prouve que mon aveuglement a été bien long et bien stupide. Oser s'occuper d'une autre femme, oser se montrer avec elle en public; car d'après tout ce qu'a dit Léon de Vaux, d'après tout ce que je me rappelle maintenant de demi-mots échappés à M. Fabien, il s'est montré avec elle en public, et surtout le vendredi, dans sa loge à l'Opéra. C'est donc cela qu'il avait toujours réunion le vendredi soir, et qu'aujourd'hui même... Eh bien! mais c'est cela, il voulait absolument retourner à Paris, il en avait fait une condition de son séjour ici. Puis quand elle est arrivée, quand il a su qu'elle restait, il n'a plus parlé de départ. Ainsi madame de Neuilly ne se trompait pas, ainsi elle sait tout ; elle sait que je suis sacrifiée à cette femme, et elle va tout dire. Raison de plus pour que je tienne à mon projet. Notre mariage donnera un démenti solennel à tous les commérages faits ou à faire. Mais comprend-on quelque chose à cela? cette femme qui refuse Maurice, jeune, beau, riche, élégant, pour donner la préférence à un homme de soixante ans! Allons donc, c'est impossible. Impossible, non, si cette femme est ambitieuse. Par exemple, qui dit qu'elle ne voulait pas pour amant un homme dont l'avenir fût libre? qui dit que M. de Montgiroux, riche, titré, possédant une grande position sociale, n'est pas le but qu'elle s'est proposé pour clore sa vie de plaisirs et de fantaisies? Car enfin cette madame Ducoudray, cette Fernande, cette mademoiselle de Mormant, c'est une courtisane; elle l'a dit elle-même. Ah çà! mais il faut que ces messieurs aient été bien hardis d'amener une pareille femme chez moi, et moi bien bonne de l'avoir reçue; car, enfin, je le répète, c'est... Avec cela que la sirène est d'autant plus redoutable qu'elle a de l'esprit, des manières distinguées, une éducation parfaite, qu'elle est charmante enfin, il faut bien que je me l'avoue à moi-même. Le péril est grand, je le sais, mais plus il est grand, plus il est de mon devoir de lutter, de conserver à Maurice la fortune de ssn oncle. Que dis-je, de son oncle? de son père. D'ailleurs je me dois à moi-même de ne pas laisser une autre femme porter le nom qui m'est dû. Il ne sera pas dit que je n'ai point inspiré au comte un amour éternel et exclusif. Je suis jalouse par convenance, bien entendu. Il ne pourra se refuser à me donner cette preuve de tendresse quand je le pousserai à bout. Quelle raison alléguerait-il? quel reproche a-t-il à me faire? Non, il m'épousera, et cela le plus promptement possible. Je ne veux pas même qu'il tarde d'un jour à s'y disposer, et la nuit ne se passera pas sans que j'aie son engagement. Il est onze heures et demie, tout le monde sera bientôt endormi dans la maison, sa chambre est voisine de la mienne, j'irai le trouver.

La chose était d'autant plus facile à exécuter que sa toilette du soir était faite qu'elle avait renvoyé ses femmes de chambre, qu'elle était seule dans son appartement, et que, bien qu'elle ne fût plus d'âge à expliquer une action aussi simple que celle de sortir de sa chambre, elle pouvait, si elle était rencontrée, alléguer le prétexte naturel de vouloir prendre une fois encore des nouvelles du malade avant de se mettre au lit. Madame de Barthèle persista donc dans son projet, et attendit avec une impatience de jeune fille le moment de le mettre à exécution.

Clotilde n'était pas moins agitée que ne l'étaient M. de Montgiroux et madame de Barthèle. Depuis le matin, bien des choses lui avaient été révélées, et bien des sentiments inconnus jusque-là s'étaient éveillés dans son âme. Cette légère couche de glace qui couvrait son cœur s'était fondue à la flamme de la jalousie, et il s'en fallait de beaucoup qu'elle fût prête maintenant à renoncer à son droit social d'épouse. L'illusion d'un amour coupable avait disparu ; l'influence des impressions secrètement favorables à un autre homme, qui un instant avait failli égarer son cœur et fausser son jugement, s'était évanouie. Avertie au moment du danger, elle avait pu s'armer à temps contre une émotion encore vague. Elle s'était sentie la force de lutter contre elle-même, elle l'avait fait ; elle avait remporté la victoire, et maintenant, rattachée à ses devoirs, bien affermie dans la résolution de n'y pas manquer, elle comprenait la jalousie, elle en recevait la première atteinte, et le sentiment qu'elle retrouvait dans son cœur à la place de celui qu'avec l'aide de Fernande elle en avait arraché, n'était plus cette affection ingénue et fraternelle que Maurice lui avait inspirée autrefois : c'était un sentiment tout nouveau, presque inconnu encore ; et bientôt ce sentiment menaça de s'emparer de toute son âme.

Clotilde avait transporté dans sa jeunesse les habitudes de son enfance ; la femme avait presque entièrement gardé la virginale chasteté de la jeune fille, et jamais elle ne s'endormait sans faire à vingt ans la même prière qu'elle faisait à quatre ans ; mais pour la première fois, en s'agenouillant, la jeune femme se sentit troublée dans l'accomplissement de cet acte pieux. Le souvenir des événements de la journée se présentait seul à son esprit et empêchait le recueillement de la pensée ; l'élan de l'âme ne parvenait pas à s'élever au-dessus des sentiments qui s'étaient tout entiers emparés d'elle. Les images de Fernande et de Maurice passaient et repassaient sous ses yeux, enlacées, souriantes, enivrées de voluptés. L'amour commençait à se révéler à elle, vif, ardent, jaloux, l'entraînant vers un mari qu'elle eût pleuré la veille avec chagrin, mais non avec désespoir, et dont en ce moment l'indifférence probable dans l'avenir qui leur était encore réservé à tous deux devenait l'idée et même la menace d'un supplice insupportable.

— Mon Dieu! s'écriait-elle, toujours à genoux et se renversant en arrière, les yeux et les mains au ciel, et avec une épouvante involontaire dans le cœur, mon Dieu! ayez pitié de moi; mon Dieu! rendez-moi la paix de mon âme. Je vous ai demandé la conservation des jours de mon mari, et maintenant que vous me l'avez accordée, dites-moi, mon Dieu! est-ce donc moi qui dois mourir? L'union bénie en votre nom, consacrée par votre ministre, jurée aux pieds de vos autels, sera-t-elle une source de larmes? C'est Maurice que je dois aimer, me dit votre loi sainte, et c'est une femme étrangère qui possède son cœur, qui dispose à son gré de son existence, qui lui ouvre la tombe et la referme d'un mot, par la magie de son regard, par le charme de sa présence. Oh! cette puissance que vous lui avez donnée, à elle pour qui Maurice n'est rien, donnez-la-moi, mon Dieu! à moi, pour qui Maurice est tout ; car maintenant, je le sens, j'ai besoin d'amour. Mes facultés s'ouvrent à des sensations nouvelles ; votre sainte loi et les lois humaines ne seront pas transgressées, mais sauvez-moi de ce tourment affreux que je ressens pour la première fois, la jalousie, la haine peut-être. Et pourtant je serais bien injuste de haïr cette femme; elle m'a sauvée, elle, ma rivale! Les bons sentiments que j'ai à cette heure dans l'âme, la chaste ardeur dont je suis soutenue, c'est elle qui les a allumés en moi au récit de ses malheurs. J'ai pleuré de ses souffrances, j'ai frémi en voyant que les miennes pouvaient être pires encore. Au lieu de la haïr ne vaut-il pas mieux que je me fie à elle, que je mette mon avenir entre ses mains? Eh bien! oui, j'irai lui demander à genoux de me rendre le cœur de Maurice, elle m'a conseillé de rester pure, elle me rendra le bonheur avec la pureté qu'elle m'a gardée. Oui, mon Dieu! oui, j'irai; j'en aurai la force. C'est à moi, à mon tour, de lui ouvrir mon cœur comme elle m'a ouvert le sien. Il ne s'agit point de dormir; le sommeil n'habite pas avec les larmes. Eh bien! quand ceux qui n'ont aucun motif de veiller dormiront, j'irai lui parler, moi.

Cette prière prononcée avec tout l'élan d'une foi vive et pure, Clotilde se releva avec la ferme résolution d'aller trouver Fernande aussitôt que tout bruit aurait cessé dans le château. Pendant ce temps, voyons ce que faisait la courtisane.

Quand Fernande fut seule dans la chambre qu'on lui avait destinée, et qu'elle n'eût plus devant elle que la femme qui la devait servir, elle respira plus librement.

— Mademoiselle, dit-elle, je ne me coucherai point encore ; je n'ai aucune envie de dormir ; j'aperçois des livres, je lirai. Vous pouvez donc vous retirer, car j'ai l'habitude de me déshabiller seule.

— Si Madame le veut, répondit la femme de chambre, j'attendrai qu'elle soit prête dans le cabinet de toilette attenant à cet appartement.

— Non, merci, c'est inutile ; je ne veux point vous priver du sommeil dont vous devez avoir besoin ; je vous remercie, mais, je vous le répète, je puis me passer de vos soins. Seulement, informez-vous près des gens de la maison si par hasard mon valet de chambre serait resté.

— Oui, Madame ; le cocher seul est parti avec la voiture, sur l'ordre que lui a transmis de votre part Madame de Neuilly, mais le valet de chambre est resté ; il doit même demeurer à l'office jusqu'à ce que Madame lui fasse dire qu'elle n'a plus besoin de lui ce soir.

— Veuillez me l'envoyer, je vous prie, Mademoiselle, j'ai des ordres à lui donner.

La femme de chambre sortit ; Fernande s'appuya à la cheminée et attendit.

Un instant après, le valet de chambre entra.

— Oh! mon Dieu! s'écria-t-il, est-ce que Madame est indisposée ?

— Pourquoi cela, Germain ?

— C'est que Madame est bien pâle.

Fernande se regarda dans la glace, et en effet seulement alors elle s'aperçut de l'altération de ses traits. Ses muscles, tendus toute la journée pour lui composer une physionomie, s'étaient relâchés enfin, et son visage portait la trace d'un profond abattement.

— Non, ce n'est rien, dit-elle en souriant; merci, un peu de fatigue, voilà tout. Écoutez-moi : ce que j'exige de vous dans ce moment-ci est d'une grande importance pour moi; je vous demande à la fois du zèle et de la discrétion.

Elle entr'ouvrit les rideaux de la fenêtre, jeta un regard sur la campagne, et poursuivit :

— La nuit est claire, le village est à deux pas; trouvez le moyen de sortir de la maison et d'y rentrer sans déranger personne. Vous donnerez deux louis au valet qui vous aidera dans cette circonstance. Vous irez à Fontenay, vous louerez une voiture, quelle qu'elle soit et à quelque prix que ce soit; elle devra m'attendre au bout de l'avenue. Il n'y a rien là d'impossible, n'est-ce pas?

— Non sans doute, et Madame sera promptement satisfaite; mais que ferai-je ensuite?

— Vous resterez en bas, dans l'anti-chambre, et vous m'attendrez. Il est bien entendu qu'à mon tour je pourrai sortir du château quand bon me semblera.

— Rien de plus facile, Madame.

Le valet fit quelques pas pour s'éloigner, Fernande le retint.

— Pour expliquer mon départ, dit-elle, car vous ne pouvez rien entreprendre sans le secours d'un homme de la maison, vous direz que je ne suis pas bien portante, et que je pars sans bruit, ne voulant pas donner ici le moindre trouble.

— C'est à merveille, Madame.

Restée seule, Fernande put alors à son tour réfléchir en toute liberté, et s'abandonner à l'élan de sa douleur, qu'elle contenait depuis si longtemps. Les émotions diverses qui s'étaient tour à tour emparées d'elle depuis le matin, et qu'elle avait combattues et vaincues tour à tour, se retrouvèrent alors vivantes dans son cœur, avec toute leur force primitive et avec toute l'âcreté des mouvements qui les y avaient fait naître. On eût dit que les espérances qui l'avaient bercée un instant, lorsque, descendue au jardin, elle s'apprêtait à aller joindre M. de Montgiroux au rendez-vous qu'il lui avait donné, lui infligeaient un juste châtiment. Le secret terrible qui s'était tout-à-coup dressé devant elle comme un obstacle insurmontable au moment où elle venait de concevoir la coupable pensée de prolonger un bonheur mystérieux, ouvrait sous ses pas un abîme plus effrayant que jamais. Placée entre le comte et Maurice, il ne lui était plus possible de voir l'un et de sourire à l'autre sans qu'une pensée d'inceste glaçât au fond de sa conscience le germe de toute tendre émotion. Elle avait méconnu un instant le sentiment qui la soutenait forte et fière dans la vie, et maintenant il lui fallait, par un sacrifice suprême et irrévocable, racheter ce mouvement.

— Non, non, murmurait-elle avec ce sourire triste des cœurs endoloris, non, je n'atteindrai pas à ce degré d'infamie; non, je ne m'exposerai pas davantage dans la lutte des passions. Ce jour, dans lequel se sont réunis pour moi tant de terribles enseignements, a marqué mes derniers pas dans cette existence exceptionnelle, dont je n'ai jamais rougi comme à cette heure. Je ne puis maintenant aller plus loin que pour faillir davantage. Il ne faut pas exposer ce qui en moi est resté pur du contact de tout vice. Je veux expier les scandales que j'ai donnés au monde. Après avoir perdu le corps, je veux sauver l'âme.

En ce moment la porte s'ouvrit doucement, et le valet de chambre de confiance de Maurice, qui cent fois avait été messager de leurs anciennes paroles d'amour, entra, une lettre à la main.

Cette lettre était ainsi conçue :

« Je revenais à la vie par vous, mais aussi pour vous, Fernande. N'éprouvez-vous donc pas, comme moi, le besoin de nous retrouver ensemble un moment, un seul, pour nous ranimer tous deux par l'espérance de l'avenir? Venez donc au chevet du lit du malade pour achever l'œuvre de sa guérison. Je vous avais juré cent fois que mon amour ne finirait qu'avec ma vie; je veux qu'une fois vous soyez convaincue que ma vie ne peut se prolonger que par mon amour. Venez donc; tout le monde dort à cette heure. Dans la maison, moi seul je veille, je souffre et j'attends.

« Maurice. »

— Dites à Monsieur de Barthèle, répondit Fernande, que dans dix minutes je serai auprès de lui.

Mais quand le valet eut quitté la chambre pour porter cette réponse à son maître, l'émotion de Fernande fut si vive, qu'elle tomba sur un fauteuil comme anéantie.

XIII

Fernande était depuis dix minutes immobile et pensive, lorsque M. de Montgiroux ouvrit la porte de sa chambre.

Elle était si loin de s'attendre à cette visite, qu'elle tressaillit avec un mouvement qui ressemblait à de l'effroi ; et fixant sur le comte ses yeux étonnés :

— Vous, Monsieur, s'écria-t-elle ; que

venez-vous faire ici, et que me voulez-vous à une pareille heure ?

Et cependant Fernande, dont l'exclamation que nous venons de rapporter exprimait la terreur instinctive, ignorait qu'au moment où le comte de Montgiroux s'aventurait dans le corridor prudemment armé de sa bougie, Madame de Barthèle, de son côté, ouvrait furtivement la porte de sa chambre, et se hasardait à venir trouver sans lumière le pair de France, auquel elle comptait présenter son ultimatum matrimonial ; elle ne fut donc pas médiocrement étonnée de le voir lui-même sortir de sa chambre avec toutes les précautions d'un homme qui veut dérober une démarche hasardeuse. Un instant elle se flatta qu'il allait prendre le chemin de son appartement; mais, après avoir jeté un regard inquiet et scrutateur autour de lui, le pair de France prit au contraire un chemin tout opposé. Madame de Barthèle demeura aussitôt convaincue que le comte se rendait chez Fernande. Alors elle rentra chez elle, atteignit par une porte de dégagement un escalier dérobé, descendit cet escalier, remonta par un second escalier de service, et pénétra dans le cabinet de toilette attenant à la chambre de Fernande. Cachée dans ce cabinet, l'oreille collée contre la porte de communication d'où elle pouvait tout entendre, elle écouta donc, frémissante de jalousie, cet entretien que le comte avait sollicité pendant toute la journée sans pouvoir l'obtenir, et qui s'entamait, de la part de Fernande, d'une façon qui indiquait que, si elle était disposée à l'accorder, c'était dans une autre heure et dans un autre lieu.

— Silence, Madame, répondit le comte, ou du moins parlez bas, je vous prie; puisque vous n'avez pas compris pendant toute la journée l'impatience que j'éprouvais d'avoir une explication avec vous, puisque vous m'avez fait attendre inutilement au rendez-vous que je vous avais demandé, ne vous étonnez pas que je profite du moment où la retraite de tout le monde me permet de me trouver seul avec vous, pour venir vous demander la clé de tout cet étrange mystère qui depuis ce matin tournoie autour de moi sans que j'y puisse rien comprendre.

— Monsieur, dit Fernande, peut-être

eussiez-vous dû attendre qu'un autre moment fût venu et que surtout nous fussions dans une autre maison que celle-ci, pour me demander une explication que j'aurais alors provoquée moi-même, mais qu'ici je me contenterai de subir. Interrogez donc, je suis prête à répondre à toutes vos questions. Parlez, j'écoute.

Et en disant ces paroles Fernande, prenant en pitié l'émotion peinte sur le visage de ce vieillard dont le cœur semblait souffrir à l'égal de celui d'un jeune homme, et qui, malgré son habitude de commander à ses sentiments, ne pouvait maîtriser ni ses yeux ni sa voix, Fernande, disons-nous, se leva et, lui montrant un fauteuil à quelques pas d'elle, l'invita à s'asseoir.

M. de Montgiroux posa sa bougie sur un guéridon, et s'assit, subissant l'influence de la femme étrange devant laquelle il se trouvait, et ressentant au fond de son cœur la même émotion que s'il eût été sur le point de monter à la tribune pour se défendre, lui qui cependant venait pour accuser.

Aussi se fit-il un silence de quelques instants.

— Je vous ai dit que je vous écoutais, Monsieur, dit Fernande.

— Madame, lui dit le comte, sentant lui-même qu'un plus long silence serait ridicule, vous êtes venue dans cette maison...

— Dites que j'y ai été amenée, Monsieur; car vous n'êtes pas à comprendre, je l'espère, que j'ignorais complètement où l'on me conduisait.

— Oui, Madame, et je vous crois; ce n'est donc point là le reproche que je puis avoir à vous faire.

— Un reproche à moi? Monsieur, dit Fernande; vous avez un reproche à me faire?

— Oui, Madame; j'ai à vous reprocher la compagnie dans laquelle vous êtes venue.

— Me reprochez-vous, Monsieur, de voir les mêmes personnes que veulent bien recevoir madame la baronne et madame Maurice de Barthèle? Il me semble cependant que voir la même société que voient deux femmes du monde n'a rien que d'honorable pour une courtisane.

— Aussi n'ai-je rien à dire contre ces deux messieurs, quoiqu'à mon avis l'un soit un fat et l'autre un écervelé. Seulement, je voulais vous demander si vous croyez que je puisse approuver les soins qu'ils vous rendent.

— Il me semble, Monsieur, dit Fernande avec une expression de hauteur infinie, qu'il n'y a que moi qui doive être mon juge en pareille matière.

— Mais cependant, Madame, peut-être moi aussi aurais-je le droit...

— Vous oubliez nos conventions, Monsieur; je vous ai laissé indépendance entière, comme je me suis réservé liberté absolue. Ce n'est qu'à cette condition, rappelez-vous le bien, Monsieur, que nous avons traité...

— Traité! Madame, quel mot vous employez là.

— C'est celui qui convient, Monsieur. Une femme du monde cède, une courtisane traite; je suis une courtisane, ne me placez pas plus haut que je ne mérite d'être placée, et surtout ne me faites pas meilleure que je ne suis.

— Madame, dit le comte, en vérité je ne vous ai jamais vue ainsi; mais qu'ai-je donc fait qui puisse vous déplaire?

— Rien, Monsieur. Seulement, comme

vous devez le comprendre, votre visite me semble intempestive.

— Cependant, Madame, il me semble à moi qu'au point où nous en sommes...

— Je crois devoir vous prévenir, Monsieur, interrompit Fernande, que, tant que je serai dans cette maison, je ne souffrirai pas un mot, pas une parole qui puisse faire la moindre allusion aux relations que j'ai eues avec vous.

— Parlez moins haut, Madame, je vous en prie, on pourrait nous écouter.

— Et alors pourquoi m'exposez-vous à dire des choses qui ne peuvent être entendues?

— Parlez moins haut, je vous en conjure, Madame; vous voyez que je suis calme. Je viens à vous...

— Est-ce pour m'aider à sortir de la situation fausse où l'on m'a mise? Alors, Monsieur, soyez le bien-venu. J'accepte vos services, je les implore même.

— Mais je ne puis rien à cette situation.

— Alors si vous n'y pouvez rien, Monsieur, je ne dois pas, de fausse qu'elle est, la faire méprisable en vous recevant seul à une pareille heure. Songez que l'accueil que l'on m'a fait dans cette maison doit régler la conduite que j'y dois tenir, et la baronne et madame de Barthèle ont été trop gracieuses et trop convenables envers moi pour que j'oublie que l'une est votre amie depuis vingt-cinq ans et l'autre votre nièce.

— Eh bien! c'est justement parce que Clotilde est ma nièce, s'écria le pair de France, se rattachant à ce mot qui lui permettait de rester en donnant un autre tour à la conversation ; c'est justement parce que Clotilde est ma nièce que je puis être alarmé de la funeste passion de mon neveu pour vous.

— Vous ne sauriez me l'imputer à crime. Lorsque M. de Barthèle me fut présenté, il me fut présenté comme libre de son cœur et de sa personne. Du moment que j'ai su qu'il était marié, j'ai rompu avec lui, et vous avez pu vous convaincre d'une chose, Monsieur, c'est que je ne l'ai pas revu depuis le jour où j'ai eu l'honneur de vous rencontrer chez madame d'Aulnay.

— Mais par quelle combinaison diabolique avez-vous donc été conduite ici? reprit le pair de France; qu'y comptez-vous faire? quels sont vos projets pour l'avenir?

— Quitter cette maison cette nuit même, Monsieur, n'y rentrer jamais, et s'il est possible, après avoir rendu M. de Barthèle à la vie, rendre sa femme au bonheur.

— Ainsi donc, c'est bien véritablement que vous avez renoncé à Maurice.

— Oh! oui, bien véritablement, dit Fernande en secouant la tête avec une indéfinissable expression de mélancolie.

— Et pour toujours?

— Et pour toujours.

— Tenez, Fernande, dit le comte, vous êtes un ange.

— Monsieur le comte...

— Oh! dites tout ce que vous voudrez, il faut que vous me laissiez vous exprimer tout ce que j'ai dans le cœur.

— Monsieur le comte...

— Vous me demandez pourquoi je suis venu ici, à cette heure, au milieu de la nuit, pourquoi je n'ai pas attendu à demain dans un autre lieu, dans une autre maison; c'est que mon cœur débordait, Fernande; c'est que, pendant toute cette journée où je vous ai vue tour-à-tour si simple, si grande, si digne, si calme, si compatissante, si au-dessus de tout ce qui vous entourait enfin, j'ai appris à vous apprécier à votre valeur. Oui, Fernande, oui, cette journée m'a fait descendre plus avant dans votre cœur que les trois mois qui l'ont précédée, et votre cœur, je vous le répète, n'est pas celui d'une femme, c'est celui d'un ange.

Fernande sourit malgré elle à cet enthousiasme d'une âme à qui ce sentiment paraissait si complètement étranger, mais elle reprit aussitôt l'air froid et digne qu'elle s'était imposé.

— Eh bien! Monsieur, tout cela ne me dit pas dans quel but vous m'avez fait cette visite, que je vois, je vous l'avoue, avec un sentiment pénible se prolonger si longtemps.

— Comment, reprit le comte, après la la promesse que vous m'avez faite de renoncer pour jamais à Maurice, après ce que je viens de vous dire, vous ne devinez pas?

— Non.

— Vous ne devinez pas que je vous aime plus que vous n'avez jamais été aimée, car je vous aime de tous les sentiments qui sont dans le cœur d'un homme de mon âge ; vous ne devinez pas que vous êtes devenue nécessaire au bonheur de ma vie, que maintenant que je connais le secret de votre naissance, que maintenant que je connais la noblesse de votre cœur, je n'ai plus qu'un souhait à faire, qu'un désir à former, qu'une espérance à voir s'accomplir, Fernande : c'est de vous attacher à moi par des liens éternels, indissolubles, car toute autre position entre nous qu'une position sanctionnée par les lois et la religion, me laisse à tout moment la crainte de vous perdre.

Fernande regarda un instant M. de Montgiroux en silence et avec l'expression d'une affectueuse pitié.

— Comment, Monsieur ! dit-elle, c'était pour cela que vous étiez venu ?

— Oui, c'était pour cela. Je ne pouvais demeurer plus longtemps dans l'incertitude ; je comprenais que les événements d'aujourd'hui devaient nous séparer s'ils ne nous réunissaient. Fernande, partagez ma position; Fernande, partagez ma fortune; Fernande, acceptez mon nom.

Fernande leva les yeux au ciel, et avec un accent dont Dieu seul avait le secret :

— Hélas! dit-elle.

— Eh bien! Fernande, dit le comte, vous ne me répondez pas?

— Vous ne sauriez songer sérieusement à ce que vous me proposez là, dit Fernande, essayant de faire croire au comte qu'elle prenait sa proposition pour une plaisanterie.

— A mon âge, Madame, reprit le comte, on ne décide rien à la légère; on pèse chaque démarche qu'on fait, chaque parole qu'on dit. Accueillez donc ma demande comme l'expression de mes sentiments les plus intimes et les plus réels.

— Mais, à votre âge, monsieur le comte, un mariage, même dans des conditions d'égalité de naissance, de fortune et de position sociale, est regardé comme une folie.

— A mon âge, au contraire, Madame, on a besoin du bonheur calme et pur que donne le mariage, et ce bonheur, rêve de mes derniers jours, vous seule pouvez me le donner.

— Mais votre position sociale?

— Un des avantages de l'homme est de la faire partager à la femme qu'il s'associe.

— Et vous priveriez de votre héritage

une nièce et un... neveu que vous aimez comme vos enfants !

— Maurice et Clotilde auront un jour trois millions à eux deux.

— Ce n'est pas une question que je vous adresse, Monsieur ; c'est un reproche que je vous fais.

— N'est-ce que cela? par mon contrat de mariage même je déclare que sur ma fortune un million doit leur revenir.

— Mais vous oubliez, Monsieur, que j'ai appris aujourd'hui que Madame de Bar-thèle avait des droits antérieurs aux miens.

— Comparez votre âge au sien, comparez votre beauté dans sa fleur à sa beauté flétrie, les charmes d'une intimité nouvelle aux ennuis d'une liaison éteinte.

— Votre honneur, votre repos, votre considération seraient le prix du sacrifice que vous voulez me faire.

— Je vous aime! ce mot répond à tout.

— Vous ne songez qu'à vous; songez au monde.

— Le monde me donnera-t-il le bonheur qui est en vous seule, et qui pour moi n'existe pas sans vous?

— Et vous ne voyez rien qui rende cette union... impossible?

— Rien, que votre refus.

— Réfléchissez bien, monsieur le comte.

— Toutes mes réflexions sont faites.

— Monsieur le comte, je vous remercie de l'offre que vous me faites.

— Mais l'acceptez-vous, Fernande, dites, l'acceptez-vous ?

— Demain, monsieur le comte, vous connaîtrez ma réponse. Mais ce soir, cette nuit, j'ai besoin d'être seule ; laissez-moi donc, je vous en supplie.

— Vous me renvoyez ainsi ?

— Demain, à deux heures de l'après-midi, vous pourrez vous présenter chez moi. Adieu, monsieur le comte.

Il y avait dans cet adieu une injonction si réelle de se retirer, que le comte n'osa résister davantage, salua et sortit.

Madame de Barthèle n'avait pas perdu un seul mot de cette conversation ; elle comprit aussitôt la nécessité de changer son plan. Puisque le pair de France était aveuglé par la passion au point d'affronter le scandale que causerait infailliblement son mariage avec Fernande, elle prévit que s'adresser à lui serait une démarche inutile. Elle résolut donc de s'adresser au cœur de la femme, de parler à ce cœur dont elle avait pu apprécier le dévouement, au nom de son fils, en usant de toutes les ressources du savoir-vivre et de toute la prudence qu'exigeait la singularité des circonstances. A peine cette idée fut-elle venue à l'esprit de Madame de Barthèle, qu'obéissant comme toujours à son premier sentiment, elle résolut de la mettre à exécution; pour ne pas laisser soupçonner qu'elle pût avoir entendu quelque chose, elle reprit l'escalier de service, traversa le salon, et, remontant l'escalier dérobé, rentra dans sa chambre, mais pour en sortir aussitôt.

Il y avait dans la résolution que venait de prendre Madame de Barthèle toute l'inconséquence habituelle de son caractère ; mais chez les femmes du monde, il semble en général que la faculté de réfléchir a été exclusivement accordée à celles qui veulent faire le mal sans rien perdre de leur bonne renommée. Madame de Barthèle était trop honnête au fond, et, malgré ses quarante-cinq ans, trop étourdie pour être hypocrite. A elle aussi M. de Montgiroux était devenu nécessaire, et elle sacrifiait tout à cette nécessité. L'important d'ailleurs était d'abord d'empêcher le mariage proposé par son infidèle amant à la jeune et belle courtisane, et comme aucune des réponses qu'elle avait entendu faire par Fernande ne dénotait un enthousiasme bien vif pour ce projet, elle se flattait de trouver en elle une auxilaire et non une rivale.

— Elle a été touchée, disait-elle, de la situation de Maurice; elle l'aime d'un véritable amour, c'est incontestable. Elle comprendra donc qu'il n'y a pas d'amour sans jalousie, et que la nouvelle de son mariage avec le comte tuerait mon enfant. Je l'attaquerai à ce point de vue; elle a l'esprit juste, le cœur droit; c'est une fille bien née, elle a la conscience de ses fautes. Le sentiment et le respect des usages semblent régler toutes ses actions : elle sentira qu'il ne doit pas porter le trouble dans une famille honorée. Elle ne peut avoir d'amour pour le comte, et je l'ai bien vu à sa manière de lui parler. D'ailleurs, quand on a aimé Maurice, on ne doit plus en aimer d'autre que lui. Il n'y aurait donc que le désir d'être titrée... Bah! ce désir ne domine plus que les âmes vulgaires...; puis ce ne peut être le sien, puisqu'elle a renoncé à son nom. Non, Fernande a un bon et noble cœur; j'attaquerai sa sensibilité; je prierai, j'implorerai; une mère est bien forte quand elle parle au nom de son fils.

Comme on le voit, malgré son étourderie, Madame de Barthèle avait trouvé un biais qui la laissait derrière le paravent; il est vrai que cette ruse ressemblait fort à la vieille histoire de l'autruche qui se cache la tête dans le sable et qui croit qu'on ne la voit pas. Enfin il fallait un prétexte à Madame de Barthèle pour rentrer chez Fernande au milieu de la nuit, et elle avait pris celui-là.

Un des grands travers des gens du monde, c'est de se croire le droit d'exiger un dévouement quelconque des personnes qu'ils croient, ou qui se trouvent réellement dans une position sociale inférieure à celle qu'ils occupent, dévouement dont ils ne seraient probablement pas capables eux-mêmes. Leur assurance à cet égard est d'autant plus remarquable que leur formule est plus naïve ; ils disent : — Faites cela pour moi, je vous en supplie ; ils s'en servent pour les moindres choses comme pour les sacrifices les plus pénibles : puis, lorsqu'on a fait ce qu'ils désirent et que les personnes non intéressées à la chose s'étonnent qu'elle ait tourné ainsi : —Ah ! répondent-ils, *il* ou *elle* a été enchanté de faire cela pour moi ! et tout est dit, le sacrifice est payé. Niais à cœurs dévoués, n'en demandez pas davantage, car on s'étonnerait que vous ne fussiez pas satisfaits et payés par l'honneur que vous avez eu de rendre service à plus grand que vous !

Madame de Barthèle, en arrivant à la porte de Fernande, ne doutait donc pas que la jeune femme ne fût disposée à faire tout ce qu'elle lui demanderait, quand, à son grand étonnement ; elle trouva la porte ouverte, et dans cette chambre, au lieu de Fernande qu'elle y venait chercher,

Clotilde seule, dans une attitude qui annonçait la stupeur et l'abattement.

— Clotilde! s'écria-t-elle, Clotilde ici! Et que viens-tu faire dans cette chambre, mon Dieu?

Puis, comprenant la nécessité d'expliquer sa conduite à celle à qui elle demandait une explication.

— Je passais, continua madame de Barthèle, j'ai vu cette porte entr'ouverte, j'ai craint que madame Ducoudray ne se fût trouvée indisposée, et, dans cette crainte, je suis entrée.

— Pourquoi n'est-elle pas dans cette chambre? murmura Clotilde les yeux fixés et répondant à ses propres pensées bien plutôt qu'à l'interpellation de sa belle-mère, où peut-elle être, si ce n'est chez Maurice?

— Chez Maurice! s'écria madame de Barthèle; et qu'irait-elle faire à cette heure chez Maurice?

— Eh! Madame, dit Clotilde avec cet accent rauque de la jalousie qui pour la première fois altérait sa voix, ne savez-vous pas qu'ils s'aiment?

Madame de Barthèle était trop préoccupée elle-même de sa propre situation pour remarquer la fixité du regard, la pâleur du visage et la vibration stridente qui avaient accompagné les paroles de Clotilde.

— Ce n'est pas probable, repondit-elle froidement.

— Et moi, Madame, dit Clotilde, saisissant le bras de sa belle-mère et le serrant avec force, je vous dis qu'elle est près de Maurice.

Madame de Barthèle regarda avec étonnement Clotilde, toute frémissante aux premières atteintes d'une passion qui jusqu'alors lui avait été inconnue.

— Eh bien! dit-elle, quand elle serait près de Maurice, qu'y aurait-il là-dedans qui puisse vous bouleverser ainsi?

— Mais vous ne comprenez donc pas que j'aime Maurice, moi? vous ne comprenez donc pas que j'en suis jalouse? vous ne comprenez donc pas que je ne veux pas qu'il aime une autre femme ni qu'une autre femme l'aime?

Et Clotilde jeta ces paroles avec cette sorte d'explosion concentrée qui porte la conviction dans l'âme de ceux à qui elle s'adresse.

— Jalouse! s'écria madame de Barthèle, jalouse! toi, Clotilde, jalouse?

Et madame de Barthèle, qui savait par expérience ce que c'est que la jalousie, pour en avoir fait dans la journée une longue épreuve, prononça ces paroles avec une terreur involontaire.

— Eh bien! Madame, demanda Clotilde en regardant sa belle-mère d'un regard à la fois candide et enflammé, qu'y a-t-il donc d'étonnant à ce que je sois jalouse?

— Mais je ne savais pas...

— Ni moi non plus, dit Clotilde; je ne savais pas que cette femme occupait toute sa pensée, avait tout son cœur; je ne savais pas que son éloignement pouvait le tuer, je ne savais pas que son retour pouvait lui rendre la vie. Eh bien! je sais tout cela, maintenant, et ils sont ensemble!

— Mais non, ma pauvre enfant, dit madame de Barthèle, tu t'exagères la gravité de la situation. Hier, cependant, tu avais compris la nécessité de recevoir madame Ducoudray; c'est de ton consentement qu'elle est venue; tu devais bien t'attendre à cela, car tu savais qu'ils s'étaient aimés.

— Oui, sans doute, mais je n'aimais pas, moi, mais je ne savais pas qu'il viendrait un moment où j'attacherais plus de prix à son amour qu'à sa vie. Oh! tenez, tout cela, Madame, c'est ma faute. Je n'ai pas aimé Maurice comme j'aurais dû l'aimer, je ne l'ai pas aimé comme elle l'aimait, elle. Ma mère, il faut entrer dans la chambre de Maurice, afin qu'ils ne demeurent pas plus longtemps ensemble.

— Arrête! dit madame de Barthèle en saisissant Clotilde par le bras, arrête, mon enfant, et souviens-toi que Maurice n'est pas encore hors de danger.

— Le danger n'est plus le même, et c'en est un autre plus grand qui maintenant nous menace, je vous le dis. Ainsi, Madame, venez avec moi, je vous prie, et montrons-nous.

— Mon Dieu! mais songe à ce que tu me proposes; c'est blesser toutes les convenances.

— Est-il dans les convenances qu'une étrangère soit chez moi en tête-à-tête avec mon mari, à une pareille heure?

— Mon enfant, crois-moi, j'ai plus d'expérience que toi, dit madame de Barthèle : crains, avant toute chose, de changer ta situation vis-à-vis de ton mari en rupture ouverte; la première querelle dans un ménage est la porte par laquelle entrent toutes les autres. Cette femme, dont jusqu'à présent nous n'avons pas à nous plaindre; cette femme, à laquelle nous n'avons rien à reprocher, peut, blessée par notre défiance, vouloir se venger à son tour. Songe qu'elle n'est pas venue ici de son propre mouvement, songe qu'on l'y a attirée ; rappelle-toi son émotion terrible quand elle a su où elle était, sa prière, ses efforts pour se retirer. C'est nous qui l'avons amenée, c'est nous qui l'avons retenue. Ce soir encore, elle voulait partir ; c'est moi qui lui en ai ôté les moyens, en lui enlevant sa voiture.

— Ils s'aiment, ma mère ! ils s'aiment ! reprit Clotilde en frappant le parquet du pied ; ils s'aiment, et ils sont ensemble !

— Eh bien ! dit Madame de Barthèle, de la prudence, Voyons : ils sont ensemble, c'est vrai ; mais cette entrevue a peut-être un but innocent, louable même.

Les lèvres de Clotilde se crispèrent sous le sourire du doute.

— Oui, je comprends, continua Madame de Barthèle, mais éclairons-nous sur cette entrevue.

— Et comment cela ? demanda Clotilde.

— Pénétrons leurs secrets, afin de savoir quelle conduite nous devons tenir vis-à-vis d'elle.

Clotilde comprit.

— Épier mon mari ? épier Maurice ? dit-elle avec hésitation.

— Mais sans doute, répondit Madame de Barthèle, à qui cette observation faite était un reproche innocent de la conduite qu'elle venait de tenir elle-même; sans doute, cela ne vaut-il pas mieux qu'une esclandre?

Et si j'allais acquérir la certitude qu'ils me trompent, ma mère! si j'allais entendre des plans d'avenir? J'aime mieux douter : j'en mourrais.

— Écoute, dit Madame de Barthèle : j'ai meilleure opinion que toi de Madame Ducoudray; viens, suis-moi, je réponds de tout.

— Mais s'ils me trompent, ma mère! s'ils me trompent!

— Eh bien! alors il sera temps pour toi de prendre conseil de ton désespoir.

— Oh! il ne m'a jamais aimée! s'écria Clotilde éclatant en sanglots.

— Viens, mon enfant, viens, dit Madame de Barthèle, qui, avec la bonté inhérente à son caractère, oubliait peu-à-peu ses propres intérêts pour se laisser prendre de compassion à une douleur véritable, à une passion réelle. Viens; tu sais que nous pouvons tout entendre en nous glissant derrière l'alcôve, et même, comme il y a une porte, nous pouvons tout voir. Mais, en vérité, continua-t-elle en entraînant la jeune femme presque malgré elle, je ne te reconnais plus, Clotilde. Allons, allons, venez: il faut avoir de la force dans les grandes circonstances.

Et bientôt les deux femmes, se tenant

par la main, retenant leur haleine, marchant sur la pointe du pied, pénétraient dans l'alcôve, d'où, comme l'avait dit Madame de Barthèle, elles pouvaient voir et entendre tout ce qui se passait dans la chambre de Maurice.

XXIII

En effet, Clotilde ne s'était pas trompée, Aussitôt que le comte de Montgiroux avait quitté sa belle maîtresse, celle-ci, fidèle à son premier projet, avait écouté le bruit de ses pas, attendant que la porte de sa chambre se fermât derrière lui : alors elle était sortie de la sienne, avait marché droit à celle de Maurice, et y était entrée sans crainte, sans hésitation, comprenant qu'elle faisait ce qu'elle devait faire.

Comme elle entrait, la pendule sonnait minuit ; une nouvelle journée commençait pour tout le monde ; pour Fernande une ère nouvelle devait dater de ce moment.

Une lampe de nuit jetait son jour douteux et tremblottant sur les meubles et les lambris de cette vaste chambre. Maurice, à moitié hors du lit, prêtait l'oreille au moindre bruit, le cœur plein d'anxiété, respirant à peine, car quoiqu'il eût fait redire cinq ou six fois à son valet de chambre la promesse de Fernande et les termes dans lesquels elle l'avait faite, il doutait encore qu'elle vînt, tant il désirait sa venue. Chaque minute de retard lui semblait un siècle perdu dans sa vie, et cette vie, comme si elle eût dépendu entièrement de cette entrevue, vacillait au souffle de l'espérance; on l'eût dit suspendue à la première parole de la femme adorée, soumise à son premier regard. Le moment qui s'approchait avait pour le malade une si grande importance, il s'y mêlait une solennité si vague, une crainte si mystérieuse, tout y imposait si puissamment à ses sens, que, lorsqu'il entendit retentir dans le corridor le pas si connu de Fernande, lorsqu'il la vit pousser sa porte et s'avancer pâle, si pâle qu'on eût dit une statue qui marchait, il n'eut pas la force de faire un geste, pas le courage de proférer une parole; il tressaillit seulement, et demeura muet et immobile, le cœur serré par un triste pressentiment.

Fernande de son côté, quoique partie de chez elle le cœur ferme et le front serein, avait, à mesure qu'elle s'était approchée de la chambre de Maurice, reçu des impressions semblables, impressions si puissantes que de son côté elle resta debout près du lit sans pouvoir parler, sans avoir la force de formuler une seule pensée, comme si tout-à-coup toutes les facultés qui composaient l'ensemble de cette organisation si fine, si élégante, si spirituelle et parfois si vigoureuse, se fussent anéantis dans une sorte d'idiotisme. Ce silence eut, si cela pouvait se dire, un écho réciproque d'un cœur à l'autre. Chez les deux jeunes gens le sang, par un phénomène physique, semblait avoir suspendu sa marche; le regard était empreint d'une inquiétude qui rendait leurs yeux également étonnés, et quelqu'un qui les eût vus ainsi eût juré que l'âme incertaine n'animait plus, ou du moins était sur le point de ne plus animer la matière.

Enfin Fernande rompit la première le silence.

— Me voici, dit-elle. Vous m'avez fait demander, Maurice ; mais c'était tinutile, et je serais venue sans cela.

— Vous avez donc compris le besoin que j'avais de vous voir et de vous parler. Oh! merci, merci! s'écria Maurice.

— C'est que ce même besoin était en moi, mon ami, répondit Fernande ; car j'avais bien des choses à entendre sans doute, mais aussi bien des choses à vous dire.

— Eh bien! alors, parlons. Nous sommes seuls, enfin, Fernande : il n'y a plus de regards indiscrets qui nous épient, plus d'oreilles avides qui vous écoutent. Vous avez bien des choses à entendre, dites-vous; moi je n'en ai qu'une à vous dire. Vous n'avez plus voulu me voir, moi je n'ai plus voulu vivre. Vous avez consenti à revenir à moi : que la vie soit la bien-venue, puisqu'elle revient avec vous. Merci, Fernande; car voilà un moment qui me fait oublier tout ce que j'ai souffert.

— Vous avez bien souffert, oui, je n'en doute pas, Maurice; car malheureusement votre faiblesse m'en donne la preuve. Mais au moins vous avez l'isolement et le silence, vous. Moi, j'ai été obligée de vivre au milieu du monde, au milieu des plaisirs; vous pouviez pleurer, je devais sourire. Maurice, ajouta Fernande, je dois encore avoir plus souffert que vous.

— Oh! mon Dieu! mon Dieu! s'écria le malade dans une pieuse exaltation, avez-vous enfin pris pitié de nous, et serions-nous donc au bout de nos douleurs?

— Oui, Maurice, je l'espère, dit Fernande avec un sourire triste et en levant son beau et limpide regard vers le ciel où Maurice venait de lever les mains.

— Fernande, dit Maurice, vous dites

cela d'un ton qui m'effraie. Pendant notre séparation il est survenu en vous quelque chose d'étrange et d'inconnu que je ne comprends pas.

— Voulez-vous que je vous le dise, ce qui est survenu en moi que vous ne comprenez pas?

— Oh! oui, dites.

— Eh bien! c'est que votre mère, Maurice, m'a pris les deux mains comme elle eût fait à sa fille; c'est que votre femme m'a embrassée comme elle eût fait à sa sœur.

Maurice frissonna.

— C'est, continua Fernande, que j'ai été reçue dans ce château comme quelqu'un qui aurait eu droit de s'y présenter; c'est que, élevée, agrandie, purifiée, j'ai compris ce que je devais à votre mère, à votre femme, à l'hospitalité.

— Mon Dieu! mon Dieu! que me dites-vous-là, Fernande? s'écria Maurice en se soulevant sur son lit, et où voulez-vous donc en venir?

— Votre exclamation me prouve que vous m'avez comprise; du courage, Maurice, soyez homme.

— Oh! mon Dieu! mon Dieu! s'écria une seconde fois Maurice en se tordant les bras.

— Maurice! Maurice! dit Fernande, n'agissez point ainsi, car ce que vous faites est d'un insensé. Calmez-vous, je vous en supplie. Vous êtes faible encore ; ce matin vous étiez mourant. Maurice, votre vie est toujours en danger ; la nuit est froide. Si vous voulez que je reste près de vous, il faut non-seulement m'écouter, mais encore il faut m'obéir. Le corps a ses lois indépendantes des émotions de l'âme. Maurice, vos bras sont nus, votre poitrine est exposée à l'air. Laissez-moi vous soigner comme si j'étais votre femme, comme si j'étais votre mère. Maurice, je vous prie en leur nom, c'est par leur volonté que je suis ici ; Fernande doit donc, tant qu'elle restera dans ce château, n'être que leur représentant ; c'est dans leur intérêt que je vous parle, c'est dans leur intérêt que j'agis. Maurice, vous devez aimer ceux qui vous aiment, et surtout les aimer comme ils vous aiment.

Maurice se tut. Il était dompté par la douceur de cette femme qui venait de substituer à l'exaltation de l'amour les plus tendres soins de l'amitié, et qui imitait, au lieu de l'ardente passion dont il lui donnait l'exemple, la douce prudence de la mère qui gourmande son enfant, de la femme qui gronde son mari, pour lesquelles les scrupules de la pudeur se taisent devant la crainte du danger. En effet, le sentiment qui l'animait à cette heure rendait au cœur de la courtisane quelque chose de sa pureté native, et sanctifiant ce tête-à-tête, leur donnait à tous deux cette chasteté de la douleur qui voile les sens. Et Maurice, docile comme un enfant, cédant avec étonnement aux exigences de la raison, Maurice oubliait presque qu'une jeune femme, sa maitresse passée, l'objet de son idolâtrie présente, se penchait sur son lit. Quant à Fernande, elle paraissait avoir complètement oublié le jeune homme, idéale personnification de ses rêves, pour ne plus voir que le malade, que la moindre émotion morale blesse, que la moindre atteinte physique met en danger. La charité passait sa main glacée sur son front brûlant, et une calme et froide espérance semblait se mêler seule au souffle de la pitié.

Et pendant ce temps, Maurice, sans

force pour combattre la froideur de Fernande qui se présentait à lui sous cet affectueux aspect, Maurice se laisait aller au charme de ces sensations. Il en résultait un bien-être si suave, si pur, et en même temps si réel pour le corps et l'esprit, pour le cœur et pour l'âme, que la vie revenant à flots raminer les facultés abattues, semblait leur rendre tout-à-coup cette intelligence supérieure, cette délicatesse exquise du sentiment qui maintient l'âme dans une de ces sphères élevées qui semblent flottantes au-dessus de la terre.

— Vous le voyez, Fernande, dit le malade appuyé maintenant sur son coude et fixant ses yeux sur elle avec un regard humide d'attendrissement et un soupir de bonheur; vous le voyez, j'obéis comme un pauvre enfant sans force et sans volonté. Oh! mon Dieu! quelle femme ou plutôt quel ange êtes-vous donc? de quelle étoile êtes-vous tombée, et quelle faute commise par un autre sans doute, venez-vous, esprit de dévouement, expier dans notre monde, qui ne vous connaît pas parce qu'il n'a fait que vous voir passer et qu'il n'a pu vous comprendre.

Fernande sourit.

— Allons, dit-elle, le docteur se trompe en parlant de votre convalescence ; il y a encore du délire. Maurice, revenez à vous et regardez les choses de ce monde sous leur véritable aspect.

— Oh! non, non, dit Maurice, et je suis en pleine réalité, Fernande. L'aspect sous lequel j'envisage les choses est bien leur véritable aspect. Depuis que je vous aime, c'est votre volonté seule qui a réglé mes actions. Vous m'avez banni de votre présence, j'ai voulu mourir; vous paraissez, et je renais. C'est vous qui êtes mon âme, ma force, ma vie; c'est vous qui disposez de moi en maîtresse absolue. Ce rôle, dites-moi, est-il celui d'une femme ou celui d'un ange?

— Ah! Maurice, répondit Fernande en secouant la tête, pour combien d'années de ma vie ne voudrais-je pas qu'il en fût de moi comme vous dites, et que j'eusse cette suprême influence sur vous!

Et en effet, comme pour venir à l'appui de ce que disait Maurice, une teinte rosée se répandait sur les joues du jeune homme, ses lèvres se coloraient doucement. Ses yeux brillaient non plus de cette flamme sèche, lueur de fièvre, mais de ce doux reflet de la pensée qui se repose, de cet éclat intelligent, rendu plus vif encore par les larmes du bonheur.

— Car je suis en ce moment près de vous, Maurice, continua Fernande, pour imposer mon autorité, pour exercer mon empire, dans votre intérêt, dans celui de votre femme, dans celui de votre mère;— et elle ajouta en appuyant sur cette dernière phrase : dans celui de toute votre famille, enfin.

— Alors parlez vite, dit Maurice, que je sache ce que je dois craindre et ce que je dois espérer.

Le mouvement d'impatience que venait de manifester Maurice avertit Fernande du danger qu'il y aurait à parler sans ménagement. Ce qu'elle avait à lui dire était d'une telle importance, qu'elle ne put s'empêcher de tressaillir, car elle éprouvait un embarras extrême à la seule idée de troubler cette joie profonde qui avait presque miraculeusement rendu la force à cette jeune organisation affaiblie par la douleur. La santé, la vie, l'avenir de Maurice dépendaient de ce dernier entretien. Fernande perdit sa confiance, un léger frisson l'agita.

— Eh bien! s'écria Maurice, qu'y a-t-il donc? Vous gardez le silence, vous tremblez. Au nom du ciel, expliquez-vous, Fernande ; Fernande, parlez, je vous en conjure.

Le courage est un céleste secours que Dieu a placé en nous pour nous soutenir et nous guider dans les occasions suprêmes, et qui vient en aide à la force physique quand elle fléchit. Voilà pourquoi les hommes justes sont ordinairement des hommes courageux. La justice n'est que la fille aînée du courage.

Fernande fit mentalement un appel à Dieu, et elle se sentit le courage de continuer, sans s'écarter de la voie qu'elle s'était prescrite, sans faillir à la mission qu'elle s'était imposée.

Seulement elle puisa des forces dans tout ce qu'elle crut pouvoir lui en donner, réunissant contre son propre cœur tous les moyens, non pas de combattre Maurice, mais de se combattre elle-même.

— Hélas! Maurice, dit-elle en sentant ses genoux trembler sous elle, n'allez pas croire que je sois plus forte que je ne le suis réellement. Non; quelque puissance qu'on ait sur soi-même, avec quelque volonté qu'on réprime ses instincts, il arrive toujours, dans les grandes catastrophes et à la suite de longues émotions, un moment où la résistance se trouve en défaut, où la fermeté qu'on oppose à la douleur se fatigué et plie, où les ressorts de notre frêle organisation se détendent, et où il semble que tout notre être va se dissoudre. La résolution soutient, mais elle use. Tenez, Maurice, je sens qu'il m'est impossible de rester debout plus longtemps, et je veux m'asseoir.

Maurice étendit le bras vers un fauteuil.

— Non, dit Fernande l'arrêtant, non. Deux fois, ce soir, j'ai vu votre femme, cette belle et chaste Clotilde, assise sur votre lit, tenant vos deux mains dans les siennes, interrogeant vos yeux de ses regards. Eh bien! c'est ainsi que je veux être. Le permettez-vous? Placée où elle était et comme elle était, son souvenir me protégera. Je n'ai ni ses droits ni sa pureté, mais votre cœur m'a élevé un trône, mais vous m'avez dit que je règnais sur vous. Eh bien ! je réclame de mon sujet l'obéissance et la soumission.

A ces mots, elle prit les mains de Maurice dans les siennes et les pressa, ainsi qu'elle avait vu Clotilde les presser ; puis elle s'assit, elle la maîtresse purifiée, à la place où la femme qui avait failli se perdre s'était assise, et plongea son regard, animé d'une expression toute puissante, dans le regard indécis de son amant.

Alors, appelant à elle la force magnétique du sentiment et de l'attraction, elle lui dit :

— Et maintenant que je suis forte et calme, Maurice, écoutez-moi.

Et Maurice, subissant l'influence d'une nature supérieure à la sienne, demeura dans une muette attention.

Depuis cinq minutes déjà, les deux femmes, la tête appuyée à la porte de l'alcôve, ne perdaient pas un mot de cet entretien.

XXIV

— Maurice, dit Fernande, laissez-moi d'abord vous remercier comme on remercie Dieu; les seuls jours heureux de ma vie, je vous les dois. Quand je serai seule, isolée et vieille, je me retournerai vers le passé, et la seule époque lumineuse de mon existence sera celle que votre amour aura éclairée. Quand je serai sur mon lit de mort et que mon repentir aura expié mes fautes, ce que je demanderai à Dieu, c'est un paradis qui ressemble à ces trois mois tombés du ciel.

— Oh! dit Maurice, merci pour ce que vous venez de dire.

Fernande sourit tristement en voyant le jeune homme se tromper si étrangement à ce début.

— Oui, Maurice, reprit-elle; mais ce qui fait que je remercie Dieu de cet amour, c'est que non-seulement il a éveillé mes sens, mais c'est surtout qu'il a retrempé mon âme; c'est qu'il m'avait fait oublier qu'il existait un monde corrupteur et corrompu, c'est qu'il m'inspirait à la fois l'oubli du passé et l'insouciance de l'avenir, c'est que pour la première fois je me sentais heureuse et fière du sentiment que j'éprouvais ; c'est que ce sentiment était si pur, qu'il me relevait de mes fautes, si miséricordieux, que je les pardonnais à ceux qui me les avaient fait commettre. Je ne vivais plus qu'en vous, Maurice; vous étiez l'unique but de mes pensées. Je m'endormais dans de doux rêves, je m'éveillais dans de douces réalités. Mon bonheur était trop grand pour qu'il durât, mais je remercie le ciel de me l'avoir accordé; les regrets me tiendront lieu d'espérances, et je marcherai dans l'avenir les regards tournés vers le passé.

Aussi, quand je decouvris que vous m'aviez trompée, Maurice, tout entière à ma douleur, aveuglée par elle, je ne compris pas que c'était pour vous une nécessité d'agir comme vous l'aviez fait. Je sentis que quelque chose se brisait dans ma vie; j'éprouvai l'amer besoin de la souffrance, et cependant la solitude et le silence m'effrayaient, car je me redoutais surtout moi-même. Il me fallait le bruit, l'agitation, la vengeance même. Malheureuse que j'étais, de ne pas songer que, lorsqu'on aime véritablement, c'est toujours sur soi-même qu'on se venge! Je voulus donc élever entre vous et moi une barrière insurmontable. Vous voyez bien, Maurice, que je vous aimais toujours, puisque je doutais ainsi de moi. Je me replongeai dans le désordre de ma vie passée. En votre présence la courtisane avait disparu ; mais je vous l'ai dit, vous étiez mon bon génie, Maurice : votre absence la fit revivre. Oh! je fus bien coupable, écoutez-moi, ou plutôt je fus bien folle. Au-dessus de cette misère qui parfois fait l'excuse des femmes flétries, je discutai avec un nouvel amant le prix de ma personne. — Oh! oui, oui, pleurez, dit Fernande au jeune homme, qui ne pouvait retenir un sanglot, pleurez sur moi ; car j'atteignis alors à un degré de honte que je n'avais jamais atteint. Après avoir retrouvé le sentiment de la vertu, j'eus le cynisme du vice, j'affectai le luxe, je jouai la femme impudente, et par conséquent la femme heureuse.

Eh! tenez, hier encore, quand, rieuse et sans remords, vos amis me conduisaient chez vous sans que je susse ou j'allais, quand je venais briser mon apparente insouciance à l'angle de votre cercueil, aveugle que j'étais, je croyais encore à la possibilité d'une existence pareille ; hier, repoussant le respect des usages que je gardais enfermé dans mon âme, oubliant les pieux enseignements donnés à ma jeunesse, franchissant, à l'aide de mon incognito les distances sociales, je suis entrée dans cette demeure la tête haute. Maurice, j'ai vu votre mère, j'ai vu votre femme, je vous ai revu, et toute mon impudence est tombée à mes pieds comme tombe au premier coup une armure mal jointe et mal trempée. Maurice, ce n'est point le hasard qui a conduit tout cela, qui a permis que ces hommes frivoles dont j'étais le jouet m'amenassent ici. Le secret que j'aurais voulu me taire à moi-même n'aura pas été divulgué inutilement; en vibrant tout haut, le nom de mon père a brisé le lien qui m'attachait à la honte, il a réveillé au fond de mon cœur le sentiment social que j'y avais refoulé, il m'a rendu le désir des actions nobles et la possibilité d'une vie pure. Maurice, j'avais eu le courage de vous cacher que j'étais une pauvre fille de noblesse qu'on avait poussée des hauteurs du monde dans les basses régions de la société. Je ne voulais pas que vous vissiez la distance que j'avais parcourue pour descendre où vous m'aviez trouvée; mais vous, cœur élevé et clairvoyant que vous êtes, vous l'aviez devinée, n'est-ce pas? Je n'avais jamais osé vous dire que mon pauvre père mort sur un champ de bataille entre les bras d'un fils de France, appartenait à cette vieille noblesse toujours prête à verser son sang, sinon pour son pays, du moins pour son roi. J'ai retrouvé dans votre aristocratique maison mes aïeux, qui avaient le droit d'y être reçus en pairs et en égaux. Maurice, je les appelle à mon aide, je les évoque pour ma défense, et moi, en échange du secours qu'ils m'auront donné contre vous et surtout contre moi-même, oh ! je leur promets du fond du cœur de laver avec mes larmes la tache que j'ai faite à leur blason.

Il y avait dans le langage de Fernande un tel mélange de poésie et de réalité, de simplicité et d'exaltation, que Maurice ne cherchait pas même à répondre; il regardait, il écoutait; cette situation de l'âme du jeune homme était trop favorable aux projets de Fernande pour qu'elle ne fît pas un effort sur elle-même pour en profiter. Remplaçant donc par un doux et mélancolique sourire cet éclair d'enthousiasme qui avait jailli de ses yeux en illuminant son visage, elle continua en posant sa main sur le cœur du jeune homme :

Me comprenez-vous maintenant, Maurice? Ce cœur que je connais si bon et si généreux, ce cœur que j'ai toujours senti battre sous ma main quand il s'est agi d'un de ces sentiments si délicats qu'ils échappent aux autres hommes; ce cœur comprend-il pourquoi Fernande, redevenue pour vous une chaste maîtresse, trompée par vous, s'est refaite courtisane?

— Oh! oui, oui, s'écria Maurice; aussi, Fernande, Dieu m'est témoin que, de tout ce qui s'est passé, je ne veux rien entendre, je ne veux rien savoir; que non seulement je pardonne, mais encore que j'oublie.

— Oui, Maurice, oui, dit Fernande, j'accepte le pardon, mais je refuse l'oubli.

— Et pourquoi? mon Dieu! pourquoi? demanda Maurice.

— Parce que notre liaison n'était pas de ces liaisons banales, qui se rompent et qui se reprennent. Non, non, Maurice, fermez les yeux du corps, oubliez que vous avez là près de vous, assise sur votre lit, une femme jeune et que l'on dit belle : que votre cœur me regarde et m'entende. Maurice, nous rapprocher l'un de l'autre maintenant, ce serait plus qu'un crime, ce serait une profanation. Croyez-moi, ce que nous avons éprouvé, on ne l'éprouve qu'une fois. Les brûlantes extases se sont glacées pour ne plus renaître. Le délire de la passion, refroidi chez vous et chez moi par nos larmes mêmes, n'aurait plus son excuse. Maurice, soyez homme courageux comme je veux être femme sans reproche.

— Oh! mon Dieu! mon Dieu! dit Maurice entrevoyant pour la première fois le but véritable de Fernande, qu'il avait inutilement cherché pendant tout ce long discours. Mais savez-vous que ce que vous demandez-là, c'est détruire à jamais notre liaison, et par conséquent ma seule, mon unique espérance? Savez-vous, — oui, vous le savez bien, — savez-vous que mon amour, c'est ma vie?

— Je ne suis plus digne de votre amour, Maurice. J'ai voulu, en vous expliquant tout, laver l'âme et non le corps. Mon âme est toujours digne de vous, Maurice, car elle n'a failli que pour vous avoir trop aimé; mais la femme a appartenu à un autre.

— Oh! que m'importe, puisqu'en cédant à un autre, j'étais le seul que vous aimiez!

— Ne parlez pas ainsi, Maurice, ne parlez pas ainsi, reprit Fernande avec douceur; car je vous dis, moi, que tout rapprochement est impossible.

— Fernande, s'écria Maurice, il n'y a rien d'impossible avec la volonté.

— Maurice, dit Fernande avec un accent de froide résignation, Maurice, l'amant que j'ai pris après vous, savez-vous son nom?

— Oh! non, non, je ne le sais pas, et je veux toujours l'ignorer.

— Eh bien! je dois vous le dire, moi; cet amant, c'est M. de Mongiroux.

— Le comte! s'écria Maurice en joignant les mains, le comte de Montgiroux! Oh! Madame, l'ai-je bien entendu?

— Le connaissais-je Maurice? L'avais-je jamais vu? répondit Fernande. Savais-je qu'il était votre père?

— Mon père! mon père! s'écria Maurice. Qui donc vous a appris cela?

— Pardon, Maurice, dit humblement Fernande en joignant les mains, je ne dénonce ni n'accuse; je ne répète que ce madame de Barthèle lui disait à lui-même hier soir.

Il sembla à Fernande qu'elle venait d'entendre un gémissement étouffé; elle regarda autour d'elle, mais comme elle ne vit personne, elle crut s'être trompée.

Alors elle reprit après un instant de morne silence :

— Comprenez-vous, Maurice, tout ce qu'il y a de terrible pour nous dans cette seule parole : M. de Montgiroux est votre père !

Maurice baissa la tête, et, sans qu'il répondît un seul mot, des larmes ruisselèrent sur ses joues pâles.

— Vous le voyez bien, Maurice, continua Fernande, nous n'avons plus qu'à gémir sur le passé ; car vous le savez, si vous je suis une de ces femmes sans scrupule et sans conscience qui se rient des choses les plus saintes. Et cependant, Maurice, il faut que je vous le dise, car je dois vous faire ma confession tout entière, un instant, dans cette maison, malgré la présence de votre femme, mon cœur s'est ouvert à cette idée que les choses pouvaient renaître entre nous comme auparavant. Mais toute mauvaise pensée porte son châtiment avec elle. A peine avais-je rêvé cette trahison, que j'en ai été punie par la révélation du secret fatal. Alors, Maurice, tout a été fini. Et cette volonté irrévocable a été prise en moi-même de ne pas faire un pas de plus en avant, de m'arrêter là où j'étais. Aussi, aussi, Maurice, je vous le jure, tout à l'heure j'ai frissonné jusqu'au plus profond de mon cœur, j'ai tressailli de terreur jusqu'au plus intime de mon être, quand M. de Montgiroux est venu m'offrir sa main, son nom, sa fortune. Comprenez-vous? moi, Maurice, la femme de votre père! moi, Fernande, comtesse de Montgiroux! Et cependant, Maurice, j'ai écouté tout cela, le cœur brisé, mais le visage calme, car je voyais quelque chose de triste et de digne de pitié dans cet amour d'un vieillard dont le monde eût ri peut-être ; amour assez grand, assez absolu pour faire franchir à un homme comme le comte, à un homme pour lequel l'opinion du monde a toujours été une invariable boussole, la distance qui le séparait de moi. Oh! mon Dieu! Maurice, je le sais bien, et c'est fâcheux à dire, que pour les gens du monde, si rigides quand il s'agit des lois de l'étiquette, l'inceste n'existe qu'en vertu d'un contrat, qu'à la condition d'une cérémonie civile ou religieuse, tant la loi des conventions sociales remplace en eux la loi de la nature! Mais moi, moi, Maurice, moi, dans ma pudeur, permettez-moi ce mot, je me suis sentie frappée; et vous-même, Maurice, vous-même, tenez, votre abattement me prouve que vous sentez comme moi. Courbons donc la tête, et commençons, vous, Maurice, un avenir de bonheur, moi un avenir d'expiation. — Ne secouez pas la tête, Maurice, à ce mot de bonheur; à votre âge, le bonheur est une œuvre dont on peut facilement se faire l'artiste, une statue dont tout homme, après l'avoir taillée à sa fantaisie, peut devenir le Pygmalion.

Un soupir sortit de la poitrine oppressée du jeune homme. Son regard était devenu fixe et troublé, un profond abattement avait remplacé la véhémence de la passion. Fernande s'empara de la main qu'il tenait crispée contre son cœur comme pour y comprimer une douleur cuisante, et pensant qu'il fallait le tirer de cet état, fût-ce par une secousse :

— Ainsi donc, Maurice, dit-elle arrivant à son but par un détour, il ne nous est plus permis de fléchir dans la route que nous nous sommes tracée. Dieu a mis un crime derrière nous pour que nous ne repassions plus par le même chemin, et peut être un jour regarderez-vous comme une preuve de sa bonté ce que vous croyez être aujourd'hui une manifestation de sa colère. Maurice, je vous l'ai dit, de nous deux, et j'en remercie le ciel, vous êtes l'être privilégié; car vous avez près de vous, prêt à renaître, le sentiment qui vous semblait mort à tout jamais dans votre cœur. Oh! mon Dieu! vous ne savez pas encore quelle est la mobilité de notre pauvre cœur humain. Maurice, croyez-en une femme. Clotilde est bien jeune, Clotilde est bien belle, Clotilde est bien faite pour être aimée.

— Oui, s'écria Maurice, oui, je sais tout cela; mais Clotilde est une statue; Clotilde est une enfant sans passions, Clotilde n'aime pas.

Il sembla à Fernande qu'elle entendait un second gémissement. Elle regarda de nouveau autour d'elle ; mais comme elle ne vit personne, et que d'ailleurs la situation l'emportait, elle reprit :

— Tout cela était vrai hier, Maurice, tout cela est faux aujourd'hui.

— Que voulez-vous dire? s'écria le jeune homme.

— Que depuis hier la statue s'est animée ; que depuis hier l'enfant est devenue femme, et que la femme est devenue jalouse.

— Jalouse! Clotilde, jalouse! reprit Maurice avec un accent qui n'était pas exempt d'amertume, tant l'amour-propre est un sentiment profondément enraciné dans le cœur de l'homme! Certes, si Clotilde est jalouse, ce n'est point de moi.

— Vous vous trompez, Maurice, c'est de vous, et remerciez Dieu que ce sentiment soit né chez elle d'hier seulement; car qui sait, Maurice, si son cœur eût ressenti depuis trois mois ce qu'il éprouve depuis hier, quels malheurs irréparables pouvaient en résulter pour vous?

— Que voulez-vous dire? demanda Maurice, expliquez-vous, Fernande, car je ne vous comprends pas.

— Mon Dieu! dit Fernande, quel étrange aveuglement est celui des hommes! Vous ne comprenez pas, Maurice, qu'une femme jeune, belle et délaissée...

— Fernande, s'écria Maurice, soupçonneriez-vous Clotilde?

— Non, certes, et Dieu m'en garde, répondit la jeune fille ; puis, comme Maurice demeurait le sourcil froncé : Écoutez-moi bien, mon ami, dit-elle, ce que j'ai à vous dire touche un point délicat à traiter ; mais on m'a fait pénétrer malgré moi dans votre maison, j'y suis pour y apporter le calme, et, si je le puis, le bonheur à tout le monde. Laissez-moi donc entrer jusque dans le sanctuaire de votre famille. Maurice, votre honneur m'est cher ; je veux que, comme par le passé, il soit dans l'avenir, sinon à l'abri de toute atteinte, du moins pur de tout soupçon. Eh bien! votre honneur, Maurice, vous l'avez imprudemment exposé, comme un joueur insensé expose sa fortune sur un coup de dé.

Le jeune homme releva la tête à ces paroles, et son regard étincela. Fernande avait visé au cœur et avait touché juste ; elle le vit et s'en félicita en elle-même.

— Fernande, dit Maurice, que signifie ce langage? parlez. Aviez-vous quelque chose à m'apprendre? vous parliez de Clotilde; songez-y, vous parliez de la femme qui porte mon nom.

— Oui, je vous parlais d'elle, Maurice, et je me hâte de vous le dire, l'ombre d'une mauvaise pensée n'a pas encore obscurci son front. Mais savez-vous si votre délaissement n'eût pas altéré bientôt la pureté de son âme, si peu-à-peu ce nuage d'innocence qui l'entoure, comme cette vapeur dont s'enveloppaient les déesses antiques pour se rendre invisibles au regard des hommes, ne se fût pas dissipé au souffle des suggestions intérieures? La jalousie est mauvaise conseillère, Maurice. Justifiée qu'elle était par votre exemple, peut-être eût-elle fini par envisager la vertu comme une duperie, et le crime comme la justice des représailles.

— Oh! de pareilles idées ne seraient jamais venues à Clotilde, s'écria Maurice.

— Oui ; mais quand ces idées ne viennent pas aux femmes délaissées trop jeunes pour les concevoir d'elles-mêmes, croyez-moi, Maurice, il y a toujours quelqu'un qui les leur fait venir.

— Fernande! Fernande! s'écria Maurice, prenez garde, je jette en ce moment les yeux autour de moi, et je cherche l'homme que vous voulez dire.

— Vous vous trompez, Maurice, reprit vivement Fernande, qui craignait que Maurice ne se laissât emporter plus loin qu'elle ne voulait le conduire. Je n'ai eu l'intention de désigner personne, j'ai parlé par hypothèse, j'ai raisonné sur des généralités.

— Oh! reprit Maurice, malheur à celui qui aurait conçu même une espérance! car je vous jure, Fernande, que cette espérance, s'il ne l'avait pas renfermée au plus profond de son cœur, il la paierait de sa vie.

—Mais vous l'oubliez, Maurice, l'homme

que vous menacez, c'est vous-même; le coupable, c'est vous et pas un autre. Il en sera donc toujours ainsi, et votre égoïsme, à vous autres hommes, vous empêchera donc toujours de juger sainement les situations que vous faites? Vous si droit, si loyal, Maurice, est-il possible que dans un seul cas vous ne compreniez pas votre injustice? Comment, vous voulez exiger de votre femme l'observation des lois que vous avez enfreintes, des vertus que vous aviez juré solennellement d'avoir, et que vous n'avez pas su conserver, la continuité des forces qui vous manquent? et cela quand sous l'illusion de vos droits prétendus et de votre autorité imaginaire vous marchez libre et abusant de tout! Où le contrat existe, Maurice, le privilège cesse;

le lien est fait pour le mari comme pour la femme ; celui qui prend sa liberté en le dénouant donne nécessairement la liberté à l'autre. Maurice, remerciez donc le ciel qu'il vous ait accordé une femme telle, que, lorsqu'elle a tout à vous reprocher, vous n'ayez pas l'ombre d'un reproche à lui faire, et que, quand vous avez tout oublié, elle se soit, elle, souvenue de tout. Maurice, vous êtes privilégié en toute chose, car madame de Barthèle est digne de votre respect comme elle est digne de votre amour.

Maurice s'était soulevé sur son coude, et l'on voyait à son poing crispé, à sa respiration haletante, à ses narines dilatées, que l'impression était profonde. Fernande, heureuse d'avoir produit ce résultat et d'avoir jeté dans le cœur qui prétendait n'être plus bon qu'à mourir un nouveau ferment de vie, un principe de crainte inconnu, commença dès-lors à concevoir réellement des espérances pour l'avenir de celui qu'elle avait tant aimé. Alors, ne songeant plus qu'à la séparation éternelle à laquelle elle voulait arriver, elle continua :

— Hélas! Maurice, je vous ai fait rougir tout-à-l'heure de votre égoïsme à vous autres hommes, et cependant nous ne sommes pas meilleures que vous ; je vous parle ainsi de votre femme, parce que je l'ai observée avec attention, scrutée avec persévérance. J'avais mes raisons pour cela, car si j'avais eu un tort réel à vous signaler, si j'avais reconnu le moindre indice d'une faute, j'eusse gardé le silence ; et peut-être, tant le principe du mal combat victorieusement en nous celui du bien, étouffant en moi de saints scrupules, repoussant de pieuses inspirations, serais-je venue vous dire : Maurice, aimons-nous, ne soyons pas meilleurs que les autres, acceptons notre bonheur dans la corruption générale, par une indulgence réciproque, quoique tacite. J'aurais ajouté, puisqu'un homme grave et haut placé dans l'estime du monde ne croyait pas commettre une faute en m'épousant, puisqu'un faiseur de lois, un architecte social, ne croyait pas commettre un crime en succédant à son fils, j'aurais ajouté : Maurice, nous pouvons mépriser le monde en le trompant ; nous pouvons demander à un amour ignoré les délices de l'égoïsme, faire de nos sentiments un abri contre l'orage, et de la volupté un oubli nécessaire ; vous pouvez supporter la présence de votre femme, coupable comme vous ; moi, celle de tous ces hommes, dont certes pas un n'est sans reproche, le sarcasme à la bouche et le mépris au cœur. Mais, je vous le répète, je m'incline devant celle que vous nommez Clotilde, sa vertu m'impose son exemple, me relève ; en la voyant innocente, je me suis rappelé mon innocence ; en la voyant honorable, j'ai compris que que je pouvais encore être honorée. Maurice, ce n'est pas vous qui viendrez combattre une pareille résolution, je l'espère ;

ce n'est pas vous qui me repousserez dans l'abîme, quand je me sens la force d'en sortir. Maurice, que je remonte aux hauteurs dont je suis descendue, appuyée sur vous; ne m'écartez pas de la seule gloire qui puisse m'être encore réservée; vous le savez, Dieu le dit : Celui qui se repent est plus grand que celui qui n'a jamais péché.

— Oh ! Fernande ! Fernande ! s'écria Maurice en tendant la main à la courtisane, vous valez mieux que moi cent mille fois ; c'est vous qui me relevez avec votre parole, et non pas moi qui vous soutiens avec mon bras.

La pauvre femme saisit avec ses deux mains la main brûlante que le jeune homme lui tendait, et tous deux gardèrent le silence pendant quelques minutes, silence éloquent dans sa muette expression et pendant lequel leurs deux âmes se confondaient dans le sentiment d'une même douleur.

— Eh bien ! dit Fernande après quelques moments, en suppléant par le charme de l'accent et par la puissance du regard au laconisme de la demande.

— Oui, je comprends que c'est nécessaire, répondit Maurice, mais parfois la nécessité est bien cruelle.

— Oh ! mon Dieu ! mon Dieu ! je vous remercie, s'écria Fernande ; ce ne sera donc pas inutilement que je serai venue.

— Mais c'est à une condition, Fernande.

— A laquelle ?

— C'est que vous me ferez une promesse sacrée.

— Je regarde ainsi toutes les promesses.

— Eh bien ! c'est qu'un jour nous nous reverrons.

— Oui, je vous le promets, si je sais que vous êtes heureux.

Maurice sourit tristement.

— Vous éludez ma demande, dit-il.

— Maurice, j'espère vous revoir plus tôt que vous ne le pensez.

— Mais vous? demanda Maurice avec une certaine hésitation.

— Eh bien ! moi ? dit Fernande en souriant à son tour.

— Vous, qu'allez-vous devenir ?

— Écoutez, Maurice, dit Fernande. Oui, je comprends ; ceci, c'est le dernier tourment de votre cœur, et je vous en remercie, malgré l'égoïsme qui le cause. Oui, vous êtes tourmenté de cette idée que vous pourriez me voir passer côte-à-côte avec un autre homme que vous dans une voiture, apercevoir derrière moi une ombre au plafond d'une loge, entendre dire que Fernande était aux eaux des Pyrénées, de Baden-Baden ou d'Aix, avec tel prince russe ou tel baron allemand. Voyons, soyez franc, Maurice ; n'est-ce pas là le fond de votre pensée lorsque vous me demandez ce que je vais devenir?

— Hélas! Fernande, dit Maurice, il n'y a pas moyen de vous tromper, et vous voyez au plus profond de mon cœur.

— C'est que votre cœur est limpide et transparent comme l'azur du ciel. Eh bien! Maurice, écoutez-moi. Il y a une chose dont je me suis aperçue; c'est que la véritable douleur d'une rupture n'est pas dans la rupture même, mais dans la crainte que cette âme et ce corps qui nous appartenaient n'appartiennent ensuite à un autre. Eh bien! Maurice! rassurez-vous. Par mon amour pour vous, par cette petite chambre virginale où nul n'était entré avant vous, où nul n'est entré depuis, où nul n'entrera jamais, par votre belle et chaste Clotilde, ange du ciel que je laisse pour vous mener, comme une autre Béatrix, à la porte du paradis, Maurice, Fernande n'appartiendra jamais à personne.

— Oh! mon Dieu! mon Dieu! s'écria Maurice, quelle créature divine vous êtes, Fernande! comme vous savez tout comprendre, tout deviner! Et renoncer à vous pour jamais? oh! c'est impossible.

— Vous me dites cela, Maurice, au moment même où, pour la première fois, vous en concevez au contraire la possibilité.

Maurice se tut, preuve que Fernande avait deviné juste.

— Mais, reprit Maurice après un instant de silence, vous renoncez donc au monde ?

— Qu'entendez-vous par le monde, Maurice ? Si c'est cette société aristocratique et polie qui fait l'opinion parce qu'en apparence elle vit sans reproches, vous savez bien que je ne puis y prendre ma place. Si ce que vous appelez le monde, au contraire, est la foule où j'ai vécu sans scrupule jusqu'à présent, vous savez bien encore que je ne veux plus en faire partie ; il n'y a donc plus de monde pour moi.

— Alors, vous quittez Paris ?

— Oui, Maurice.

— Et où allez-vous ?

— Oh! ceci est mon secret.

— Comment! je ne saurai pas même où vous êtes? comment! j'ignorerai les lieux où vous respirez! comment! je ne pourrai pas me représenter les objets qui vous entourent ?

— Écoutez, dit Fernande, je comprends ce dernier désir; vous recevrez une lettre de moi qui contiendra tous ces détails. Vous pourrez donc me revoir encore avec les yeux de la pensée, jusqu'au moment où vous m'aurez oubliée.

— Oh! pour cela, Fernande, jamais! jamais!

— Bien, je vous crois, ou je fais semblant de vous croire; et maintenant que tout est dit, adieu, Maurice.

Maurice poussa un soupir, mais ses lèvres se refusèrent à prononcer aucune parole ; leurs yeux seuls se rencontrèrent humides de pleurs. Ils sentirent tous deux qu'ils ne pouvaient prolonger d'un seul instant cette entrevue. Fernande se leva ; Maurice, la tête renversée sur son oreiller, les mains étendues sur son lit, ne chercha pas même à la retenir. Ils échangèrent un dernier signe de tête, et cette séparation, qui devait être éternelle, se fit dans la solennité du calme de la nuit et dans le silence de la résignation.

XXV

Les sentiments sublimes sont le refuge des âmes fortes et la consolation des grandes douleurs. Le cœur s'y trompe et prend la tension de la volonté pour le calme de l'esprit.

Maurice et Fernande s'étaient si puissamment encouragés eux-mêmes par l'effort d'une passion réciproque dégagée de toute influence sensuelle, qu'ils ressentirent de part et d'autre, après la séparation, cette placidité suave qui est la récompense de tout sacrifice terrestre. Le malade demeura le regard fixé vers la porte qui venait de se refermer sur Fernande, comme s'il eût cherché cette trace lumineuse que laissent dans le ciel ces étoiles filantes, qui ne sont peut-être rien autre chose que le passage d'un ange. Quant à la courtisane, elle marcha d'un pas assuré vers sa chambre; mais à peine arrivée au milieu du corridor, elle entendit derrière elle des pas légers et un frôlement de robe. Elle s'arrêta, et au même instant, pressée par une double étreinte, elle entendit la voix de la baronne qui, en l'embrassant sur les deux joues, s'écriait : Merci ! cent fois merci! et les lèvres plus timides et plus reconnaissantes encore de Clotilde, qui, en s'imprimant sur la main que Fernande voulait vainement dégager, murmuraient : Soyez bénie.

— Et vous, dit Fernande, soyez heureuses, et que le bonheur que j'aurai laissé dans votre maison me fasse pardonner le trouble que sans le savoir j'y avais porté.

— Vous êtes un ange, murmurèrent les deux voix, et Fernande sentit qu'elle était libre de continuer son chemin.

Elle rentra dans sa chambre, s'agenouilla, récita la prière qu'on lui avait apprise dans son enfance sans que la moindre pensée importune vint la distraire ou de sa pieuse intention, ou des paroles qu'elle prononçait, ou du sens qu'elle devait y attacher. Les formules générales ont cela de sublime, qu'elles tendent toujours au but évangélique, qu'elles courbent l'orgueil humain sous une discipline générale, qu'elles rappellent des misères communes à tous les enfants du même père, et qu'elles promettent des récompenses célestes indépendantes des distinctions sociales. Tout ce qui ramène à l'égalité fraternelle du christianisme, à ce point de départ de la société moderne, est d'un effet salutaire, quelle que soit d'ailleurs la disposition de l'âme, et dans quelque position mondaine qu'on se trouve. Ce n'est jamais inutilement qu'on s'unit par un acte de foi au grand nombre de ceux qui souffrent, qui croient et qui espèrent, car le bonheur nous doit toujours venir des autres, et l'égoïsme n'est qu'une négation stérile, au point de vue de Dieu, comme au point de vue de l'homme.

Fernande, en finissant sa prière d'autrefois, se releva, comme autrefois, l'esprit libre, l'âme limpide, le cœur sanctifié ; elle s'arrêta un instant, regardant autour d'elle avec un doux et mélancolique sourire, s'enveloppa de son châle, prit son chapeau, et descendit d'un pas léger dans le vestibule où son valet de chambre devait l'attendre.

— Eh bien ! lui dit-elle en l'apercevant, avez-vous trouvé une voiture ?

— Oui, Madame, répondit le valet de chambre ; elle est là, à quelques pas de la maison. Mais, j'ai honte de le dire à Madame, je n'ai pu trouver, au lieu de calèche ou de cabriolet, qu'un abominable coucou. J'ai grand peur que Madame n'y soit affreusement mal ; cependant, comme elle m'avait dit à toute force qu'elle voulait partir...

— Bien, bien, Germain, dit Fernande, vous avez suivi ponctuellement mes instructions. Vous savez que j'aime qu'on agisse ainsi. Rassurez-vous donc, je serai à merveille.

— Et puis la nuit est froide, reprit le valet de chambre, et Madame n'a que son châle, pas de pelisse, pas de coiffe, pas de manteau.

— N'importe, Germain, partons.

Le ton dont Fernande prononça ce mot interdisait au valet de chambre toute observation nouvelle. Aussi se hâta-t-il de marcher devant Fernande en la guidant du vestibule dans la cour et de la cour dans le jardin. Un domestique de madame de Barthèle tenait ouverte une petite porte située à quelques pas de la maison du jardinier, et qui donnait sur la campagne.

Arrivée au seuil de cette porte, Fernande aperçut le véhicule populaire qui lui était destiné. Le cheval secouait ses grelots, et le cocher battait des mains pour chasser le froid.

Fernande, à la grande honte de Germain, monta dans la voiture, s'accouda dans un coin et, bientôt perdue dans ses réflexions, oublia les cahots incessants, le bruit monotone des grelots et les excitations énergiques du cocher. Un évènement trop grave s'accomplissait à cette heure même dans sa vie, pour qu'elle songeât à toutes ces petites misères. Ce travail de la pensée fut, au reste, si actif et si puissant que, pendant tout le temps du trajet, elle oublia jusqu'au froid que craignait Germain, et qu'elle arriva à la porte de la maison qu'elle habitait sans pouvoir se rendre compte ni du temps écoulé ni de la distance parcourue.

On réveilla les femmes de chambre.

Fernande refusa de se mettre au lit. Un feu vif et une boisson chaude ramenèrent la chaleur absente ; puis, elle fit approcher une table, du papier, une plume et de l'encre, et écrivit à son notaire de s'apprêter à la recevoir immédiatement pour affaire urgente.

Le jour commençait à poindre. Tandis que le valet de chambre portait au notaire la missive de sa maîtresse avec ordre de le réveiller, Fernande prit la robe la plus modeste parmi ses robes, dépouilla celle qu'elle portait, et, cette courte toilette terminée, ordonna à sa femme de chambre de rassembler le linge nécessaire à un voyage de quelques semaines.

— Oh ! mon Dieu ! s'écria la camériste

étonnée, Madame part-elle donc si brusquement.

— A neuf heures, répondit Fernande, je désire avoir quitté Paris.

— Si c'est aux eaux que Madame se rend, reprit la femme de chambre, je ferai observer à Madame que rien n'est encore terminé pour ses toilettes d'été.

— Ce n'est pas aux eaux que je vais, et je n'ai pas besoin de toilettes.

— Alors c'est donc simplement un séjour d'une semaine ou deux que Madame compte faire à la campagne ?

— Faites ce que j'ordonne, et ne me questionnez pas, dit Fernande.

— Madame me dira au moins quelles

robes et quels chapeaux je dois emballer.

— Je vous demande le linge qui m'est nécessaire, et rien de plus; une malle légère, un sac de voyage même, me suffira.

— Mais Madame aurait bien dû me prévenir à l'avance, dit la femme de chambre avec cette ténacité particulière aux valets.

— Et pourquoi cela, Mademoiselle, je vous prie, demanda Fernande.

— Parce que je n'ai rien de prêt pour moi-même.

— Vous ne m'accompagnerez pas.

A cette réponse brève et sévère, les larmes jaillirent des yeux de la pauvre fille. Fernande, froide et grave avec les gens de son service, était cependant essentiellement bonne pour eux, et ses domestiques l'adoraient.

— Oh! mon Dieu! mon Dieu! s'écria-t-elle, est-ce que j'aurais eu le malheur de déplaire à Madame?

— Non, dit Fernande, touchée de l'exclamation douloureuse avec laquelle la pauvre femme de chambre avait prononcé ces paroles; non, Louise; vous êtes une brave et digne fille, au contraire : vous m'avez servie avec zèle et avec dévouement, je vous remercie de tous vos soins. Soyez tranquille, je ne serai point ingrate; mes derniers ordres vous seront transmis par mon notaire.

— Mais enfin, Madame, pardon si je questionne encore, mais il me semble que cette dernière demande est indispensable, quand *monsieur le comte* viendra, que lui dirai-je?

Fernande rougit jusqu'au blanc des yeux ; puis, reprenant sa puissance habituelle sur elle-même :

— Vous lui direz, Louise, que j'ai quitté Paris ce matin pour n'y revenir jamais.

La femme de chambre joignit les mains avec un geste désespéré.

— Maintenant, dit Fernande, faites un trousseau de toutes mes clés et donnez-le moi.

La femme de chambre obéit et remit le

trousseau à sa maîtresse, qui lui ordonna de la laisser seule.

Elle se retira.

Fernande alors alla ouvrir, avec une petite clé de vermeil qu'elle portait à sa châtelaine, le tiroir d'une charmante table en bois de rose incrustée de porcelaine de Sèvres; elle y prit un petit sachet de satin blanc brodé de perles et fermé par une agrafe, et le mit dans son corset. C'était dans ce sachet qu'étaient renfermées les quelques lettres que Maurice lui avait écrites pendant leur courte liaison; puis elle referma le tiroir, y plaça le trousseau de clés, alla ouvrir un secrétaire, brûla tous les papiers qui s'y trouvaient, prit un petit portefeuille contenant cinq ou six mille francs en billets de banque, et mit dans sa poche une cinquantaine de louis qu'elle retrouva au fond d'un tiroir. Bientôt on vint lui annoncer que sa voiture était prête, elle s'enveloppa d'un grand manteau, descendit, et ordonna de toucher droit chez son notaire.

Il y a des notaires de femmes, comme il y a des médecins de femmes; le notaire de Fernande était un élégant jeune homme de trente à trente-quatre ans, dont le cabinet ressemblait infiniment plus au boudoir d'un petit-maître qu'au sanctuaire d'un légiste; c'était un de ces rares privilégiés qui ont payé leur étude sans avoir eu besoin de spéculer sur une dot, de sorte qu'ayant eu le bonheur de rester garçon, il avait conservé le privilége de la galanterie avec ses clientes. Un instant séduit comme tout le monde par le charme invincible qui enveloppait Fernande, il avait essayé de lui plaire, et avait conçu l'espoir de réussir; mais bientôt, s'apercevant de l'inutilité de ses tentatives, il avait pris gaîment son parti de cette défaite, et transformant ses espérances amoureuses en affection sincère, il était devenu non-seulement le confident des intérêts matériels, mais encore l'ami de Fernande.

Elle le trouva donc debout, quoiqu'il fût sept heures du matin à peine, car inquiet de ce message, et surtout de l'heure insolite à laquelle il lui était parvenu, il avait sauté en bas de son lit, et s'était hâté de se mettre en état de recevoir Fernande.

— Que signifie cette visite matinale, ma chère cliente? lui dit-il; hâtez-vous de me rassurer, car vous me voyez on ne peut plus inquiet, surtout si vous êtes déjà levée; si vous n'êtes pas encore couchée, c'est autre chose.

— Eh bien! soyez tranquille, mon cher tabellion, dit Fernande en souriant d'un rire triste, je ne suis pas encore couchée.

— Alors, je suis moins inquiet; maintenant, asseyez-vous et contez-moi l'affaire à laquelle je dois le bonheur d'un si charmant réveil.

Et il approcha d'une cheminée élégamment habillée de velours un grand fauteuil à dossier rembourré, poussa sous les pieds de Fernande un coussin de tapisserie, et s'assit en face de la jeune femme.

— Écoutez-moi, dit Fernande, vous êtes plus que mon conseil, vous êtes mon ami ; c'est à vous seul que je puis confier mes projets, car je vous sais discret comme un confesseur. D'ailleurs, je vous préviens que vous seul saurez ce que je vais vous dire. Si je suis trahie, la trahison viendra donc de vous.

— Oh! mon Dieu! mais savez-vous que voilà un début qui me rend à ma terreur première? vous êtes ce matin d'une solennité effrayante.

— C'est que je viens de prendre une grande résolution, mon cher ami, une résolution irrévocable ; je commence par vous prévenir de cela afin que vous n'essayiez pas même de la combattre.

— Et laquelle, bon Dieu! entrez-vous aux Carmélites?

— J'en ai d'abord eu l'idée, dit Fernande en souriant; mais vous savez que je suis ennemie de toute exagération. Non, je me contente de quitter Paris pour n'y plus revenir... Pas un mot, cher ami, rien ne saurait être changé à ma détermination. Vous connaîtrez seul le lieu de ma retraite ; je vais habiter le domaine que vous avez acheté pour moi, et dans lequel vous savez que je voulais me retirer quand je serais vieille. J'avance de quelques années une solitude prévue, voilà tout; je pars sans regret. Maintenenant, voyons ce que je possède; parlez-moi de mes affaires de fortune. Vous voilà bien surpris, n'est-ce pas? C'est la première fois que je vous tiens ce langage; j'ajouterai que, si je suis riche, c'est à vous que je dois cette position, qui me permet de vivre indépendante : ma reconnaissance vous est donc complètement acquise.

Il y avait tant de calme dans le maintien de Fernande, son langage était si précis et si nettement accentué, que le notaire baissa la tête en signe d'adhésion forcée. Il prévit que devant une pareille résolution il n'y avait pas une observation à faire, et, sans dire un mot, il alla chercher le carton où se trouvaient les dossiers relatifs à la fortune de sa cliente; puis, donnant à sa figure une expresssion grave dans laquelle on eût vainement cherché le moindre reste de galanterie, il prit la parole en notaire, en dépositaire de titres, en confident de transactions financières, sans embarrasser l'explication nécessaire d'une seule observation inutile.

— Ainsi, dit-il, vous voulez savoir positivement ce que vous possédez en biens meubles et immeubles?

— En tout, cher ami.

— *Primo :* le domaine acquis en votre

nom depuis déjà deux ans, augmenté des terres récemment achetées.

— Quel est le rapport du tout?

— Vingt mille francs par an; tous les baux ont été renouvelés au mois de novembre dernier.

— Après?

—*Secundo :* reconnaissance d'une somme de cent cinquante mille francs, prêtée sur première hypothèque au taux légal de 5 du 100

— Ce qui fait par an?

— Sept mille cinq cents francs.

— Mais savez-vous, mon cher ami, que je suis véritablement riche? dit Fernande.

— Attendez-donc.

— Comment, ce n'est pas tout ?

— *Tertio :* en rentes sur l'état, 3 pour 100 et 5 pour 100, huit coupons s'élevant ensemble à dix mille francs de rentes qui, ajoutés aux vingt mille francs du domaine et aux sept mille cinq cents francs susdits, forment un capital de trente-sept mille cinq cents francs de rentes libres de toutes charges et impôts. Voici, chère amie, l'état exact de votre fortune; êtes-vous contente ?

— Je suis émerveillée, elle dépasse de beaucoup ce que je croyais avoir. Maintenant, cher ami, écoutez bien mes dernières instructions. Voici une note des choses que je désire recevoir; vous voyez qu'à part une chambre tout entière que je veux recevoir là-bas, lits, tableaux, tentures et meubles, telle qu'elle est enfin, je ne vous demande que mon piano, ma musique, mes livres, ma boîte à couleurs, mon chevalet, mes statuettes et mes esquisses.

— Mais tout le reste, qu'en ferons-nous?

— Attendez; voici la clé de ma petite table de bois de rose, qui faisait toujours votre admiration, et qui de ce moment est à vous; vous trouverez dans le second tiroir mes bijoux et mes diamants, vous les vendrez au plus honnête joaillier que vous connaissez. Je vous dis cela, parce que ce n'est plus moi qu'il volerait, mais les pauvres de ma paroisse, à qui le produit de cette vente est destiné.

Le notaire s'inclina.

— Et les autres meubles? dit-il.

— Vous les vendrez aussi, mais non en vente publique; en bloc, à Montbro ou à Cansberg, chez lesquels je les ai achetés presque tous. Sur ce produit, vous prélèverez pour tous mes domestiques une année entière de gages, que vous leur donnerez en mon nom.

— Très bien, et le reste?

— Le reste, vous le placerez. Quant à ma garde-robe, sans exception aucune, elle appartient à mes femmes de chambre.

Je suis désormais morte au monde. La femme que vous avez connue, continua Fernande en voyant le mouvement de surprise du notaire, a cessé de vivre, mais il en existe une autre qui succède à celle-là; qui répudie toutes ses mauvaises pensées, qui hérite de tous ses bons sentiments, et celle-là, croyez-le bien, ne perdra jamais le souvenir de votre bienveillance. Maintenant, n'est-il pas nécessaire que pour tout cela je vous remette une espèce de procuration, un pouvoir, un papier quelconque?

— Certainement, dit le notaire; mais continua-t-il ne pouvant repousser entièrement le sentiment du doute, vous changerez peut-être d'avis, et il serait prudent d'attendre.

— Vous voulez que je me soumette à un temps d'épreuve, soit, je ne demande pas mieux. Donnez-moi cette procuration en blanc; nous sommes aujourd'hui le 8 mai, d'aujourd'hui en six semaines vous la recevrez. Êtes-vous content? Maintenant, procurez-moi pour cinq ou six mille francs d'or, envoyez chercher des chevaux de poste avec ce passeport qui n'est pas encore expiré; qu'ils prennent en passant ma calèche de voyage chez mon carrossier, et viennent m'attendre à votre porte.

Le notaire s'apprêtait à faire des objections sur ce prompt départ, Fernande poursuivit :

A Paris, on a tout ce qu'on veut et

quand on le veut : donnez donc des ordres, je vous prie; vous avez assez d'amitié pour moi, je le sais, pour me pardonner d'en agir ainsi avec vous.

Le notaire ne fit plus aucune objection; son valet de chambre, homme discret et intelligent, fut chargé de toutes ces commissions; puis il revint s'asseoir près de sa belle cliente, et la regardant avec une expression de douce pitié :

— Que s'est-il donc passé, pauvre amie? lui demanda-t-il.

— Ce qui s'est passé? reprit Fernande, ce qui devait se passer un jour ou l'autre avec le caractère que vous me connaissez. Une émotion violente a fait naître dans mon âme une résolution forte. Vous savez bien, mon ami, que j'ai toujours aspiré à vivre dans l'indépendance d'une vie régulière ; eh bien ! le moment est venu. Hier, j'étais encore plongée dans les ténèbres; tout-à-coup un éclair à lui, illuminant un temps plus heureux ; je me suis rappelé qui j'étais et ce que je devais être, ma résolution a été prise et accomplie sans secousse. et quelque étrange, quelque inattendue qu'elle soit, comme elle est irrévocable, je suis calme, vous le voyez, presque heureuse même. Eh bien! si, ce que je ne crois pas, l'ennui se fait sentir, je reviendrai demander à votre grande ville des distractions permises, je me ferai homme, homme mûr et raisonnable, puisque je ne dois goûter ni le bonheur du mariage ni les joies de la maternité ; c'est le seul parti qui me reste à prendre : pas un mot à cet égard, mon ami ; il se pourrait qu'un homme fût assez fou pour vouloir m'épouser ; moi je serai toujours assez prudente pour ne jamais accepter aucune proposition de ce genre ; je ne dois pas oublier qu'on pourrait un jour faire rougir le front de mes enfants au souvenir de ce que fut leur mère.

Et de sa main blanche aux doigts déliés, elle alla chercher la main un peu tremblante du notaire.

— Eh bien ! mais, dit-elle, encouragez-moi donc dans mes bonnes résolutions ; ne m'avez-vous pas entendu plus d'une fois établir cette théorie ?

— Oui, reprit-il, mais je n'avais jamais cru vous la voir mettre à exécution.

— Vous étiez hier à l'Opéra? dit Fernande, changeant brusquement non-seulement de sujet de conversation, mais encore de voix et de maintien ; qu'y disait-on ?

— On y remarquait votre absence.

— En vérité! alors que dira-t-on demain? que je suis partie pour Londres ou pour Saint-Pétersbourg? Laissez dire, mon ami, et n'oubliez pas que mon secret est confié à votre probité ; laissez dire, et si un jour vous vous ennuyez de l'absence de votre ancienne amie, et que les testaments et les contrats de mariage vous laissent une semaine, venez me voir dans mon ermitage.

— Fernande ! Fernande ! je crains bien que vous n'éprouviez de tristes déceptions.

— Que voulez-vous ? en tout cas il n'y aura pas à s'en dédire, car j'aurai quitté Paris par-devant notaire. Ah ! vous souriez enfin, mon cher tabellion ; vous êtes tellement mondain que je ne trouverai, je le vois bien, grâce de ma raison à vos yeux qu'en vous disant des folies, Qu'à cela ne tienne ; j'ai l'esprit assez libre pour vous tenir tête. Il y a plus : comme vous êtes garçon, et que je n'éveillerai, par conséquent, la jalousie de personne, donnez-moi à déjeuner, là, au coin du feu, des côtelettes et du vin de Champagne frappé.

— Non, non, pauvre folle, s'écria le notaire les yeux pleins de larmes à la vue de cette gaîté factice; non: vous vous agitez vainement, je devine ce que vous ne voulez pas dire. Il y a quelque passion bien profonde et bien malheureuse sous votre sourire; quelque infidélité d'un homme que vous aimez, quelque rupture, n'est-il pas vrai? Avouez-moi cela; voyons, je vous en supplie. Vous savez combien je vous suis dévoué; mes conseils viendront du cœur. Ce ton dégagé, ce langage frivole vous sont d'ordinaire si étrangers, qu'ils vous trahissent en ce moment. Vous voulez déguiser quelque chagrin qui vous ronge le cœur; vous essayez de vous punir des perfidies d'un amant. Parlez, parlez, je vous en prie au nom de notre ancienne amitié. Je puis tout réparer peut-être : la vérité, Fernande, la vérité !

— La vérité, répondit Fernande avec cette candeur grave et gracieuse qui n'appartenait qu'à elle : dans toutes les circonstances importantes de ma vie, je vous l'ai dite sans déguisement comme sans effort. Aujourd'hui, je vous la dirais tout entière encore, si mon secret était à moi seule, quoique cette confidence dût être inutile au point de vue où vous l'envisagez, car que pourrait toute votre expérience sur cette matière impalpable qu'on appelle le passé? Croyez-moi, mon ami, je suis sincère ; d'ailleurs je n'aurais aucun intérêt à ne l'être pas avec vous ; je pars libre, je pars sans y être forcée ; je pars repoussée hors de Paris par le dégoût du passé, entraînée par l'espérance de l'avenir. La bonne intention mène aux bonnes œuvres. Maintenant me croyez-vous.

— Il le faut bien, puisque vous ne voulez pas me dire autre chose.

— Eh bien ! me refuserez-vous encore à déjeuner ?

Le notaire sonna et donna ses ordres. Dix minutes après, une petite table était apportée, toute servie.

Fernande fut charmante pendant ce dernier repas. On eût dit que, par une innocente coquetterie, elle voulait laisser des impressions encore nouvelles à celui qui la connaissait si bien.

A neuf heures, on entendit entrer la voiture dans la cour; un instant après, le valet de chambre parut avec l'or demandé. Tout était prêt. Fernande se leva en souriant.

Le notaire ne pouvait croire encore que tout cela ne fût pas une espèce de songe qui allait s'évanouir.

— Et seule, seule pour un si long voyage! dit-il en voyant Fernande prendre sa mante et son chapeau.

— C'est un nouveau monde que je cherche, dit Fernande; si je le découvre, rien ne doit m'y rappeler le vieux monde que je quitte. Je ne veux humilier personne par mon repentir. — Puis, avec une grâce charmante : — Allons, dit-elle, comme c'est la dernière fois que nous nous voyons peut-être, cela vaut bien la peine que vous me conduisiez jusqu'en bas.

Le notaire conduisit Fernande jusqu'à la voiture.

—Vraiment, lui dit-il, si les voisins n'étaient pas aux fenêtres pour nous regarder, je me mettrais à genoux pour baiser le bas de votre robe, tant vous êtes une femme charmante, et tant je suis sûr qu'il y a quelque grand dévouement caché sous votre simplicité.

—Eh bien! dit Fernande, au lieu de baiser le bas de ma robe, embrassez-moi. Voyons; c'est un pis-aller que vous accepterez peut-être.

Et elle tendit son front à ce digne ami, qui y posa ses lèvres tremblantes. Cet événement, en apparence simple, était une des grandes émotions qu'il eût éprouvées dans sa vie.

— Par où sortons-nous de Paris? demanda le postillon.

— Par la barrière de Fontainebleau, répondit Fernande.

Et comme la voiture commençait à s'ébranler, elle passa une dernière fois par la portière sa main, sur laquelle cet homme, qui n'avait jamais été qu'un ami, déposa un dernier baiser.

Puis les chevaux partirent de cette course rapide qu'ils conservent tant qu'ils sont dans l'intérieur de la ville, et qu'ils semblent quitter d'eux-mêmes dès qu'ils atteignent les faubourgs.

En même temps que Fernande sortait de Paris par la barrière de Fontainebleau, M. de Montgiroux y rentrait par la barrière du Maine. Il n'avait pas pu attendre l'heure dite et venait demander compte à sa belle maîtresse de sa disparition de la maison de Fontenay-aux-Roses, disparition qui, du reste, n'avait étonné que lui.

Le pair de France, en arrivant chez Fernande, y trouva les domestiques dans tout le loisir des conjectures. Seulement il y avait un point positif, c'est que la femme de chambre avait été chargée par sa maîtresse de dire au comte qu'elle avait quitté Paris pour n'y jamais revenir. Il fallut, au reste, qu'elle répétât cette désespérante nouvelle huit ou dix fois; M. de Montgiroux n'y voulait pas croire.

Dans son désespoir, il courut chez madame d'Aulnay, et lui raconta tout, c'est-à-dire le peu qu'il savait, lui demandant si elle en savait davantage. Madame d'Aulnay était encore plus ignorante que le comte ; mais en sa qualité de femme auteur, elle cria tout d'abord à l'immoralité, promit de s'enquérir, dénatura les faits qu'elle pût recueillir relativement à cette étrange disparition, en inventa d'autres pour lui donner avec ses propres idées un lien logique, et le lendemain tous les oisifs du Paris élégant ne s'occupaient au boulevard Tortoni, au foyer de l'Opéra et au Jockey-Club, que de la disparition de la belle Fernande. On vécut huit jours sur cet événement.

Au milieu de l'étonnement général, Léon de Vaux et Fabien de Rieulle ne furent pas les moins surpris. Il était évident pour eux que cette absence de Fernande se reliait aux événements dans lesquels ils avaient joué un rôle pendant cette journée du 7 mai, journée durant laquelle il s'était passé tant de choses. Mais, comme la première fois qu'ils retournèrent à Fontenay, il leur fut répondu que M. Maurice était encore souffrant, que madame de Barthèle n'était pas visible, et que la baronne était à Paris, ils furent, comme les autres, forcés de s'en tenir à de simples conjectures.

Madame de Neuilly, perdant l'espoir d'humilier son amie en lui faisant sentir la supériorité que donne une conduite sans reproche, se promettait de se venger sur madame de Barthèle et sur la baronne. Malheureusement la baronne, avec son fils, faible encore, et avec Clotilde, radieuse de bonheur, reparut bientôt dans le monde pour y annoncer son mariage prochain avec le comte de Montgiroux, mariage qui eut lieu le 7 juin 1855, c'est-à-dire un mois jour pour jour après la visite de Fernande à Fontenay-aux-Roses.

Trois mois après, comme le lui avait promis Fernande, Maurice reçut la lettre suivante, qui ne pouvait au reste lui offrir aucun renseignement sur le pays qu'elle habitait, l'enveloppe ne portant pas de timbre :

10 août 1835.

« Trois mois sont écoulés depuis que je vous ai quitté, Maurice, et la Providence m'a tenu parole. Le comte de Montgiroux a épousé votre mère ; on vous a vu plein de jeunesse et de santé aux dernières courses du Champ-de-Mars, et si vous ne vous avouez pas encore que vous êtes heureux, déjà Clotilde dit tout haut qu'elle est heureuse.

« Dieu soit béni !

« Vous le voyez, Maurice, je ne vis pas si éloignée de vous et si isolée du monde que je vous aie entièrement perdu de vue ; il est vrai qu'au milieu du bruit que continue de faire en roulant dans l'espace cet immense univers, je ne tends l'oreille que du côté où je sais que vous êtes.

« Oh ! Maurice, que tous les événements de cette journée ont été conduits par une main paternelle et miséricordieuse ? et que dans mes prières du matin et du soir je remercie Dieu de nous avoir inspiré le courage de faire ce que nous avons fait !

« Maintenant à moi de tenir ma promesse en vous parlant de moi.

« J'habite un vieux château bâti sous Louis XIII, je crois, avec des murs rouges et gris, des toits élancés, couverts d'ardoises et armés de girouettes qui grincent au vent. On arrive à la porte principale par une grande allée d'ormes, aux formes tortueuses et fantastiques, qui le soir, quand par hasard je m'attarde dans quelque village et que je reviens seule, me font presque peur.

« Cela vous étonne, Maurice, que je revienne tard et seule? Je vis au milieu de bonnes gens et je me suis faite campagnarde comme eux.

« Maintenant, suivez-moi.

« En rentrant au château,— il faut bien que je donne à ma demeure le nom sous lequel elle est connue,—en quittant l'allée d'ormes, je franchis une grande porte ornée d'un écusson ; si j'étais savante en blason, je vous dirais si le champ est d'azur, de gueules, de sinople ou de sable, si le lion qui l'orne est issant, passant ou rampant ; mais comme je suis très ignorante en pareille matière, je me contenterai de vous dire que l'écusson est rayé en travers, et que le lion est debout et tient une épée.

« Vous voyez donc ma porte, n'est-ce pas, s'ouvrant au bout de son allée d'ormes et surmontée de son écusson au lion armé.

« Cette porte donne dans une vaste

cour pavée autrefois dans toute son étendue, mais au milieu de laquelle j'ai fait planter un massif d'arbres dont tous les pieds sont garnis de fleurs. La voiture peut tourner par des chemins sablés et en longeant des haies de lilas autour de ce massif pour s'arrêter devant un perron composé de quatre marches, et sur la rampe duquel se dressent deux lions pareils à celui de l'écusson et armés comme lui d'une épée.

« Vous connaissez ces vestibules de vieux châteaux, n'est-ce pas? tout en bois de chêne noirci par le temps, et de ce ton chaud et hardi auquel la peinture ne saurait atteindre.

« Le vestibule conduit dans une salle à

manger immense, dallée de carreaux noirs et blancs alternant entre eux comme les cases d'un damier. Tous les dessus de portes représentent des chasses aux sangliers, aux cerfs, aux daims et aux renards. Les murs sont tendus de tapisseries à personnages représentant toute l'histoire de Moïse. Il y a un Moïse faisant jaillir l'eau du rocher qui est vraiment d'un beau caractère.

« Il est inutile de vous dire que je ne mange jamais dans cette grande salle, où l'on ne peut raisonnablement dîner qu'à douze ou quinze.

« Près de la salle à manger est un grand salon, rococo, Louis XV, Pompadour, comme vous voudrez, avec des fauteuils,

des canapés et des rideaux de satin rouge,
brochés blanc. Ce sont des fleurs, des oiseaux et des arabesques à n'en plus finir.
C'est le grand salon de réception, et,
comme je ne reçois pas, je n'en parle que
pour mémoire.

« Montez vingt marches larges et douces, en vous appuyant sur une massive
rampe de fer, et vous vous trouverez au
premier ; c'est là que j'habite.

« En face de l'escalier une grande porte
de chêne, une première antichambre lambrissée, donnant sur une seconde antichambre dont j'ai fait ma salle à manger.

« Une petite table ronde, un poêle caché
dans une espèce de cheminée gothique dont

j'ai fait le dessin et que j'ai à peu près moulée moi-même, un papier vert velouté à grandes fleurs, tous ces charmants moines moulés sur ceux des tombeaux des ducs de Berri et posés sur des supports en harmonie avec eux, voilà tout l'ameublement de cette petite pièce.

« A gauche un salon, mon piano, ma harpe, ma musique; *la Somnambule* et *les Puritains*, *Guillaume Tell*, *Moïse* et *le Comte Ory*, tout Weber.

« A droite mon atelier, dans la même position et dans le même jour où il était rue Saint-Nicolas, avec cette différence que, lorsque j'ouvre la fenêtre, au lieu de voir la maison en face, je découvre, à travers les massifs du parc, un admirable paysage, et, si je n'avais pas peur de vous donner des renseignements trop précis, je dirais la mer à l'horizon ;

« La mer, c'est-à-dire l'infini, c'est-à-dire l'immensité, c'est-à-dire la seule chose qui donne complètement l'idée de Dieu.

« Dans cet atelier, Maurice, mon chevalet, mes couleurs, mes esquisses, mes vieilles étoffes de brocard volées aux tableaux de Paul Véronèse et mes statuettes.

« Puis à l'angle de cet atelier, écoutez bien Maurice, une petite porte cachée que l'on ouvre grâce au même secret qui ouvrait l'autre, et qui donne entrée à la petite chambre blanche, à la petite cellule virginale que vous savez ; le même lit dans l'alcôve, la même mousseline le long des murs, la même lampe d'albâtre au plafond, les mêmes ornements sur la cheminée, et en face de mon lit, Maurice, le tableau que j'ai achevé le second jour où je vous ai vu, et qui représente le Christ pardonnant à la Madeleine.

« Ce tableau est toujours le même, seulement j'ai retouché la tête de la femme à genoux.

« Voilà tout, Maurice. Ce premier étage, c'est mon monde, à moi, c'est mon univers, mon passé, mon avenir; mes trésors de joie et de douleur, tout est là.

« Maintenant que vous savez où je vis, regardez-moi vivre.

« A sept heures du matin je me lève, je

passe un peignoir, je descends dans le parc; les arbres, les fleurs, les oiseaux, le gazon, le soleil, la brise, tout cela est occupé à saluer le matin et à prier Dieu. J'ai une espèce de petite chapelle comme celle qu'on rencontre sur les chemins en Italie, je m'arrête devant elle, et c'est là que presque toujours je fais ma prière avec tout ce qui prie.

« A neuf heures, je rentre, un déjeuner de fruits et de laitage m'attend dans la petite salle à manger du premier.

« Puis, après le déjeuner, je passe au salon et je cause une heure ou deux avec mon piano, il me dit les meilleures choses des grands maîtres, et je l'écoute toujours comme s'il me parlait pour la première fois.

« A midi, au moment où le jour est dans toute sa pureté, je passe à l'atelier; là je cause avec moi-même, là je reste jusqu'à quatre heures ; et presque toujours, tant je suis plongée profondément dans les rêveries auxquelles je donne un corps, on est obligé de me prévenir que le dîner m'attend.

« Après le dîner je sors emportant vingt francs avec moi.

« C'est mon aumône journalière, Maurice, car je suis riche, je la répands tantôt dans un village, tantôt dans un autre, et je recueille des prières, dont je renvoie une moitié à vous et à votre famille.

« Puis le soir venu, je rentre par cette allée d'ormes dont, je vous l'ai déjà dit, les formes fantastiques et tortueuses me font si grand'-peur.

« Le soir, je lis.

« Le dimanche, il se fait quelque changement dans ces habitudes.

« A onze heures, je quitte le château, et vais assister à la messe qu'on dit dans l'église du prochain village. C'est une grand'-messe accompagnée d'un orgue que je touche quelquefois dans les grandes solennités.

« Le curé avait proposé de venir dire la messe à la chapelle du château, mais je n'ai pas voulu permettre que l'homme de

Dieu se dérangeât pour une pauvre péche-
resse comme moi.

« A quatre heures, le parc s'ouvre, et
les paysans, précédés de deux musiciens,
y viennent danser.

« Il va sans dire que c'est moi qui paie
la musique et qui offre les rafraîchisse-
ments.

« Et maintenant, Maurice, que je vous
ai décrit le lieu que j'habite, et raconté la
vie que j'y mène, vous connaissez l'un et
l'autre aussi bien que moi.

« Seulement, à tout ceci, ajoutez le vœu
éternel de ma pensée, celui par lequel
j'achève ma prière du matin et ma prière

du soir, celui enfin par lequel je termine cette longue lettre :

« Maurice, soyez heureux.

«Votre Fernande.»

XXVI

Trois ans s'étaient écoulés depuis que les événements que nous avons racontés étaient accomplis.

Chaque journée avait passé pour Fernande pareille à l'autre, et au grand étonnement de son notaire en correspondance suivie avec elle, elle n'avait point reparu à Paris, et semblait disposée à suivre, jusqu'à la fin des jours que Dieu lui avait marqués en ce monde, le plan de conduite qu'elle avait exposé le jour de son départ. Depuis ces trois ans, aucun accident n'était venu jeter l'ombre d'une variété quelconque sur l'existence qu'elle menait dans le vieux château, lorsqu'en revenant un dimanche de la messe, elle trouva son intendant qui l'attendait sur la porte d'un air visiblement préoccupé.

— Eh bien ! mon bon Jacques, lui dit-elle, qu'y a-t-il donc, et d'où vous vient ce visage effaré ?

— Il y a, Madame, répondit le vieux paysan, qu'il s'est passé quelque chose d'étrange pendant votre absence.

— Que s'est-il donc passé, mon ami ? demanda Fernande en souriant.

— Je pourrais ne rien dire à Madame,

et les choses passeraient ainsi, répondit Jacques, mais si j'ai mal fait ; mieux vaut que je sois grondé tout de suite et que j'aie la conscience tranquille, au moins.

— Oh! mon Dieu! savez-vous que vous m'effrayez? dit Fernande de sa voix douce, se doutant bien qu'il s'agissait tout simplement de quelque infraction aux règles établies par elle pour la discipline de sa maison.

— Oh! il n'y a rien d'effrayant là-dedans, car c'était un jeune homme bien comme il faut, un ami de MM. de Savenay, les voisins de Madame.

— Eh bien! après, Jacques.

— Eh bien! Madame, ce jeune homme, qui était en chasse depuis sept heures du matin, ayant perdu, à ce qu'il paraît, ses compagnons et se trouvant à une lieue du rendez-vous, après avoir regardé avec une grande attention l'allée d'ormes, le château, et surtout les armoiries qui sont au-dessus de la porte, ce jeune homme a demandé à qui appartenait la propriété. Comme Madame n'a fait aucune défense de dire son nom, j'ai répondu qu'il appartenait à madame Ducoudray.

A ce mot de madame Ducoudray, ce jeune homme a paru fort ému.

— Monsieur connaîtrait-il Madame? lui ai-je demandé.

— Oui, m'a-t-il répondu; beaucoup, autrefois.

— Alors je regrette que Madame soit à la messe, lui ai-je dit.

— Elle est à la messe? s'est-il écrié; au village voisin, n'est-ce pas ?

— Oui, Monsieur.

—Écoute, mon ami, a-t-il ajouté : alors tu peux me rendre un service dont je te serai reconnaissant toute ma vie.

— Parlez, Monsieur, et si c'est en mon pouvoir, je le ferai avec grand plaisir.

—En l'absence de madame Ducoudray, je voudrais visiter le château.

—Mais, ai-je dit alors, le château, n'est pas à vendre, Monsieur.

— Je le sais bien, a-t-il répondu ; mais tu ne peux savoir combien ce château renferme de souvenirs.

— Monsieur l'aurait-il habité dans sa jeunesse ?

—Non, je n'y suis jamais venu même, et cependant je le connais comme si je l'avais quitté hier.

— Monsieur me permettra de lui dire que cela me semble bien singulier.

— Écoute, mon ami, me dit-il en me prenant les mains : je te le dis, j'ai un grand désir de voir ce château, et je puis te jurer d'avance qu'il ne résultera pour toi aucun reproche de ma visite. Mais faisons un marché : ne me laisse entrer dans chaque chambre que lorsque je t'aurai dit d'avance quels sont les meubles qu'elles renferment et quel est le papier qui les décore.

— Monsieur, répondis-je fort embarrassé, je n'ai pas d'autorisation de faire ce que vous me demandez.

— Mais tu n'as pas non plus d'ordres contraires ?

— Non, Monsieur, répondis-je.

— Eh bien ! encore une fois, je t'en prie, fais ce que je te demande. Si tu n'étais pas au service de madame Ducoudray, je t'offrirais de l'argent; mais je sais que ceux qui la servent n'ont besoin de rien.

—Alors, repris-je, je vois que Monsieur n'a pas menti en disant qu'il connaissait Madame.

— Oh! c'est un ange, s'est-il écrié.

—Que voulez-vous, Madame? reprit l'intendant ; je ne pouvais pas refuser ce qu'il demandait à un homme qui parlait de vous dans ces termes-là.

— Aussi vous avez consenti? demanda Fernande d'une voix dont, malgré toute sa puissance sur elle-même, elle ne pouvait cacher l'altération.

— Oh! mon Dieu! Madame, aurais-je mal fait? demanda l'intendant.

—Non, rassurez-vous ; ce que vous avait dit ce jeune homme était vrai, et il connaissait ce château aussi bien que moi-même.

— Je m'en aperçus bien vite, madame ; car, ainsi qu'il s'y était engagé, il me fit la description de chaque chambre avant même que la porte ne fût ouverte. Mais il passa rapidement sur le rez-de-chaussée, traversant seulement le vestibule, la salle à manger et le salon, en disant : Votre maîtresse ne se tient jamais ici, n'est-ce pas ? C'est le premier surtout qu'elle habite, c'est au premier qu'elle mange, qu'elle fait de la musique et qu'elle peint.

— Je vous l'avoue, Madame, je n'étais pas du tout rassuré, et si le chasseur avait eu soixante ans au lieu d'en avoir vingt-six ou vingt-huit, je l'aurais pris pour un sorcier ; mais, comme on sait les sorciers sont toujours vieux.

— Continuez, mon ami, continuez, dit Fernande.

— Alors, et de lui-même, il a ouvert la porte qui conduit à l'escalier; je l'ai précédé pour avoir le temps de lui ouvrir.

— Il doit y avoir vingt marches à monter, a-t-il dit, pour arriver au premier?

— Ma foi, répondis-je, je ne les ai jamais comptées. — Effectivement, pour la première fois je les ai comptées, il n'y en avait pas une de plus, pas une de moins. Est-ce que ce n'est pas miraculeux, dites, Madame?

— Oui, répondit Fernande, mais continuez.

— Sur le palier, de même qu'il avait fait en bas, il me fit la description de la salle à manger, du salon et de l'atelier. J'ouvris alors les portes, et il entra. — Cette fois, c'était d'autant plus étonnant, que ces trois chambres, c'est Madame qui les a fait meubler.

— Oui, c'est fort étonnant, reprit Fernande, mais continuez.

— Le piano de Madame était ouvert, il s'assit devant et joua le même air que Madame avait joué le matin même. Puis il entra dans l'atelier, s'assit devant le chevalet, prit la palette, et dans le paysage que Madame a commencé, fit une petite chapelle surmontée d'une croix, pareille à celle qui est dans le jardin. Enfin, comme j'ai cru qu'il allait sortir, il s'est levé, a marché droit à l'angle de l'atelier, a poussé un ressort, et là, que Madame me pardonne, car j'ignorais moi-même qu'il y eût une chambre là, il a ouvert une porte, mais il n'est pas entré; il s'est seulement agenouillé et a baisé le seuil. Il est resté un instant à genoux, on eût dit qu'il priait. Puis il s'est relevé, a religieusement fermé la porte, et m'a prié de l'accompagner jusqu'à l'église.

Je n'avais aucun motif de lui refuser cette dernière demande; j'ai marché devant lui. Nous sommes justement arrivés au lever-Dieu.

Madame était à genoux à sa place accoutumée.

Il s'est arrêté à la porte de l'église, appuyé contre une des colonnes, les regards fixés sur Madame, qu'il avait reconnue.

Puis, au bout d'un instant de muette contemplation, il est sorti, a déchiré une page de son portefeuille, a écrit dessus quelques mots, me l'a remise.

— Tiens, mon ami, m'a-t-il dit alors, tu donneras ce papier à madame Ducoudray.

Alors, me serrant la main une dernière fois, il a tourné derrière l'église et a disparu.

— Et ce papier? demanda Fernande.

Le voici, dit l'intendant.

Fernande le prit d'une main tremblante, le déplia lentement; puis après avoir levé les yeux au ciel, elle les ramena vers cette écriture, qu'on eût dit qu'elle craignait de reconnaître.

Le papier ne contenait que ces quelques mots :

« Je suis heureux.

« MAURICE DE BARTHÈLE »

— Hélas! dit Fernande avec un profond soupir.

Et deux larmes qu'elle ne put retenir roulèrent le long de ses joues!

FIN.

Librairie de Dumont.
EN VENTE.

Un Rêve d'Amour, par Frédéric Soulié	1 vol.	7 50
Les Stuarts, par Alexandre Dumas	2 vol.	15 »
Le Colporteur et la Croix de l'affût, par Élie Berthet	1 vol.	7 50
Praxède, par Alexandre Dumas	2 vol.	15 »
Ida, par le vicomte d'Arlincourt	2 vol.	15 »
Nouvelles Impressions de Voyage (midi de la France), par Alexandre Dumas	3 vol.	22 »
Lucie, par Jules Lacroix	2 vol.	15 »
Une Année à Florence, par Alexandre Dumas	2 vol.	15 »
Manette, par Hippolyte Bonnelier	2 vol.	15 »
Le Capitaine Pamphile, par Alexandre Dumas	2 vol.	15 »
La Fille d'Honneur, par madame de Bawr, 2 édit.	2 vol.	15 »
Madame de Rieux et la petite Reine, par H. Arnaud (M.ᵐᵉ Reybaud)	3 vol.	22 50
Excursions sur les bords du Rhin, par Alexandre Dumas	2 vol.	15 »
La Comtesse de Choiseul-Praslin, par Paul-L. Jacob (bibliophile)	1 vol.	7 50
Le Pauvre de Montlhéry, par Charles Rabou	2 vol.	15 »
Scènes de la Ville et de la Campagne, par Henri Monnier	4 vol.	30 »
Les quatre Sœurs, par Frédéric Soulié	1 vol.	7 50
La Marquise de Contades, par A. Delavergne	2 vol.	15 »
Un Amour dans l'avenir, par Méry	1 vol.	7 50
La Pension bourgeoise, par A. Delavergne	4 vol.	30 »
Le Chevalier d'Harmental, par Alexandre Dumas	2 vol.	15 »
Gabrielle et Lucie, par madame Charles Reybaud	1 vol.	7 50
Un Mirage, par H. de Latouche	2 vol.	15 »
Laurence, par madame C. Bodin	1 vol.	7 50
Aventures de Lyderic, par Alexandre Dumas	1 vol.	7 50
Marceline, par madame Camille Bodin	2 vol.	15 »
Justin et l'Andorre, par Élie Berthet	2 vol.	15 »
Robertine, par madame de Bawr	1 vol.	7 50
Marie-Louise d'Orléans, par madame Sophie Gay	2 vol.	15 »
L'Honneur d'une Femme, par Jules Lacroix	2 vol.	15 »
La Duchesse de Mazarin, par Alex. de Lavergne	2 vol.	15 »
Le Speronare, par Alexandre Dumas	4 vol.	30 »
Les trois Rohan, par Roger de Beauvoir	2 vol.	15 »
Le Singe, par P.-L. Jacob (bibliophile)	2 vol.	15 »
Le Capitaine Lambert, par Charles Rabou	2 vol.	15 »
Le Château des Atrides, par Jules Lacroix	2 vol.	15 »
Bouquets et Prières, par madame Desbordes-Valmore	1 vol.	7 50
Philippe, par madame Camille Bodin	2 vol.	15 »
Héva, Anglais et Chinois, par Méry	2 vol.	15 »
Le Moine de Chaalis, par madame Charles Reybaud	2 vol.	15 »
L'Étoile polaire, par le Vicomte d'Arlincourt	2 vol.	15 »
Georges, par Alexandre Dumas	2 vol.	15 »
Le Siége d'Orléans, par madame la princesse de Craon	4 vol.	30 »
Un Duel sans Témoins, par Paul-L. Jacob (bibliophile)	2 vol.	15 »
La Recherche de l'Inconnue, par A. de Lavergne	2 vol.	15 »
Safia, par Roger de Beauvoir	2 vol.	15 »
Sylvandire, par Alexandre Dumas	2 vol.	15 »
Ellénore, par madame Sophie Gay	2 vol.	15 »
Les Janissaires, par Alphonse Royer	2 vol.	15 »
La Porte du Soleil, par Roger de Beauvoir	4 vol.	30 »
David Séchard, par H. de Balzac	2 vol.	15 »
Le fils du Notaire, par Paul-L. Jacob (bibliophile)	1 vol.	7 50
Une Bonne Fortune de Racine, par le même	1 vol.	7 50
Le Masque de velours, par Jules Lacroix	2 vol.	15 »
Un Début dans la Vie, par H. de Balzac	2 vol.	15 »
Cécile, par Alexandre Dumas	2 vol.	15 »
Le dernier des Barons, par Bulwer	4 vol.	30 »
Mademoiselle de Chazeuil, par madame Charles Reybaud	1 vol.	7 50
Rose, par la même	1 vol.	7 50
Les Trois Royaumes, par le Vicomte d'Arlincourt	2 vol.	15 »
Une Liaison dangereuse, par Jules Lacroix	1 vol.	7 50
L'Ile des Cygnes, par Roger de Beauvoir	2 vol.	15 »
Sabine, par madame de Bawr	2 vol.	15 »
Feu Bressler, par Alphonse Karr	3 vol.	22 50
Séverine, par madame Camille Bodin	3 vol.	22 50

SOUS PRESSE :

Un Rêve d'artiste, par madame Desbordes-Valmore.
Esther, par H. de Balzac.
Voyage autour de mon Jardin, par Alphonse Karr.
La Princesse des Ursins, par Alex. de Lavergne.
André Raynal, par le même.
Les Médaillons du temps passé, par Roger de Beauvoir.

Sceaux. — Impr. de E. Dépée.